new 가나다 KOREAN
for Foreigners
WORKBOOK
Intermediate 2

가나다한국어학원
(GANADA KOREAN LANGUAGE INSTITUTE)
Tel 02-332-6003 / Fax 02-332-6004
http://www.ganadakorean.com
ganada@ganadakorean.com

GANADA KOREAN LANGUAGE INSTITUTE is the first Korean Language Institute in Korea since 1991, to be the only qualified, private school dedicated exclusively to Korean language education.
<NEW가나다KOREAN> was created by GKLI staffs.

Copyright © 2010 by GANADA Korean Language Institute

Language PLUS
Sisa Bldg 300, Jahamun-ro, Jongno-gu
Seoul 110-122, KOREA

All rights reserved. No part of this publication may be reproduced or transmitted in any form or by any means, electronic or mechanical, including photocopy, recording, or any information storage and retrieval system, without the prior written permission of the publisher.

- Price: 11,000 Won
- For all inquiries: Tel_ 1588-1582
                      Fax_ 0502-989-9592
                      E-mail_ book_korean@sisadream.com
                      Homepage_ www.sisabooks.com

ISBN   978-89-5518-920-9 14710
        978-89-5518-916-2 (set)

Printed in Korea

New 가나다 KOREAN for Foreigners WORKBOOK Intermediate 2

머리말

〈New가나다KOREAN WORKBOOK〉은 〈New가나다KOREAN〉으로 한국어를 공부하시는 분들의 학습을 돕기 위해 출판된 책입니다.

〈New가나다KOREAN〉에서는 말하기와 듣기, 읽기 및 활동 등을 통해 한국어를 체계적으로 익힐 수 있도록 구성하였고 〈New가나다KOREAN WORKBOOK〉에서는 쓰기 연습을 통해 배운 문법과 어휘를 정확하게 이해했는지 확인할 수 있게 하였습니다.

각 과마다 연습 문제가 있고 다섯 과가 끝날 때마다 복습 문제가 있어서 다섯 과의 문법을 종합하여 다시 검토할 수 있고 혼자 공부하는 학생은 뒤에 실린 해답을 보고 스스로 체크할 수 있습니다.

〈New가나다KOREAN WORKBOOK〉을 통하여 〈New가나다KOREAN〉으로 공부하는 여러분의 한국어 실력이 더욱 향상되기를 바랍니다. 또한 한국어에 관심을 갖고 공부하시는 분들께 도움이 될 수 있도록 저희 가나다한국어학원 교재 연구회는 앞으로도 계속하여 한국어 교재 개발에 힘쓸 것을 약속드립니다.

저희 교재를 사랑해 주시는 많은 분들께 감사드리며, 이 책을 출판할 수 있도록 도와주신 랭기지플러스〈한글파크〉에도 감사드립니다.

가나다한국어학원 교재 연구회

차례

머리말		3
제1과	-(으)ㄴ 반면에 -(으)ㄹ지도 모르다 -다는 말이다	7
제2과	-(느)ㄴ다는 게 -(으)려던 참이다 -든지 -든지	11
제3과	-(으)ㄴ 줄 모르다 -기는요 -(으)ㄹ까 하다	14
제4과	-(으)ㄴ가 보다 - 정도로 -을/를 통해서	17
제5과	-보고 -더라도 -말고는	22
복습	제1과 ~ 제5과	26
제6과	-에다가 / -(으)ㄴ 데다가 아무 -도 -곤 하다	28
제7과	-(으)ㄹ까 -(으)ㄹ까 -고말고요 - 못지않다	32
제8과	-고 해서 -(으)ㄴ 모양이다 -(이)나 다름없다	36
제9과	얼마나 -(으)ㄴ지 모르다 -게 -에 의하면	39
제10과	-았/었더라면 -(으)ㄹ 뻔하다 -도록	43
복습	제6과 ~ 제10과	48

제 11 과	-아/어 가다(오다)	52
	-(으)ㄴ데요, 뭘	
	-았/었었다	
제 12 과	-거나 -거나	56
	-기에	
	-에 한해서	
제 13 과	-더라	59
	-지	
	-(으)ㄴ 듯하다	
제 14 과	-(으)려면 멀었다	63
	-(으)면서도	
	-(으)ㄴ걸요	
제 15 과	-처럼	66
	-다니	
	-에 달려 있다	
복습	제11과 ~ 제15과	70
제 16 과	-(으)ㄴ 척하다	74
	-(으)로	
	아무 -(이)나	
제 17 과	- 같으면	78
	-(으)ㄴ지 모르겠다	
	-(으)나	
제 18 과	-(으)ㄹ수록	82
	- 다 -	
	-는 법이다	
제 19 과	-다가 보면	86
	-아/어 버리다	
	-다가	
제 20 과	- 끝에	90
	-자면	
	-느냐에 따라	
복습	제16과 ~ 제20과	94

차례

| 제 21 과 | -지요
-기로
-(으)ㄹ 따름이다 | 98 |

| 제 22 과 | -(으)며
-아/어 가면서
-다가 보니까 | 101 |

| 제 23 과 | - 겸
-(으)ㄹ 만하다
-(으)ㄹ걸 | 105 |

| 제 24 과 | -(이)며
-(으)ㄹ 게 아니라
-(으)려다가 | 108 |

| 제 25 과 | - 탓
-(으)ㄹ까 봐서
-(으)면 어떻게 해요? | 112 |

| 복습 | 제21과 ~ 제25과 | 116 |

| 제 26 과 | -는 바람에
-아/어다가
-다니까요 | 119 |

| 제 27 과 | -(으)ㄴ 줄 알았다
-느라고
-기 마련이다 | 123 |

| 제 28 과 | -고도 남다
-조차
-답니다 | 127 |

| 제 29 과 | -지 그래요?
-고 말다
-(으)ㄹ걸요 | 131 |

| 제 30 과 | -(으)므로
-커녕
-(으)ㄹ 리가 없다 | 136 |

| 복습 | 제26과 ~ 제30과 | 140 |
| 해답 | | 143 |

제1과

-(으)ㄴ 반면에
-(으)ㄹ지도 모르다
-다는 말이다

어휘와 표현

1 밑줄 친 말의 반대말을 고르십시오.

1) ☐

> 그 사람이 <u>갑자기</u> 태도가 바뀌어서 다른 사람처럼 변했어요.

① 또　　　　② 거의　　　　③ 그리　　　　④ 점점

2) ☐

> 그 사람은 늘 바람처럼 왔다가 바람처럼 <u>없어져요</u>.

① 생겨나다　　② 나타나다　　③ 줄어들다　　④ 사라지다

3) ☐

> 요즘 편지로 자신의 안부를 알리는 경우는 <u>그리</u> 많지 않다.

① 여간　　　　② 좀처럼　　　③ 별로　　　　④ 그다지

2 다음은 종이책과 전자책의 좋은 점입니다. 이 글을 읽고 여러분의 생각을 쓰십시오.

〈종이책의 좋은 점〉

종이책은 오랫동안 보관하고 볼 수 있다. 종이책은 전자책보다 눈에 나쁘지 않다. 종이책은 더 깊이 있는 독서를 할 수 있다. 종이책은 선물로 주고받기 좋다.

〈전자책의 좋은 점〉

전자책은 들고 다니지 않아도 된다. 전자책은 종이를 사용하지 않아 환경을 보호하는 데 좋다. 전자책은 책을 더 쉽게 만들 수 있다. 전자책은 보관하기가 쉽다.

-(으)ㄴ 반면에

3 보기 와 같이 두 문장을 연결하십시오.

> 보기
> 낮에는 손님이 없어서 한가해요. 저녁때가 되면 손님으로 붐벼요.
> ➡ 낮에는 손님이 없어서 한가한 반면에 저녁때가 되면 붐벼요.

1) 우리 팀은 공격력은 강합니다. 수비가 약한 편입니다.
   ➡ _____.

2) 북쪽 음식은 양념이 적고 좀 싱겁습니다. 남쪽은 짜고 매워요.
   ➡ _____.

3) 수학과 과학 성적은 좋지 않아요. 국어와 사회 성적은 잘 나왔어요.
   ➡ _____.

4) 아버지는 운동을 좋아하세요. 어머니는 음악을 좋아하세요.
   ➡ _____.

5) 국내 관광객 수는 줄었습니다. 외국인 관광객이 많이 늘었습니다.
   ➡ _____.

6) 과일, 채소 가격은 올랐습니다. 공산품 가격은 내렸습니다.
   ➡ _____.

-(으)ㄹ지도 모르다

4 대화를 완성하십시오.

1) 가 : 일기예보에서는 오늘 비가 안 온다고 했어요.
   나 : 하지만 장마 때는 갑자기 _____.

2) 가 : 방학 하면 고향에 내려갈 거지요?

　　나 : 그럴 생각인데 가을에 있을 시험 준비 때문에 _____.

3) 가 : 내일 모임이 6시니까 약속 시간 지켜요.

　　나 : 네, 그런데 퇴근 시간이라 길이 막히면 좀 _____.

4) 가 : 작년에 보냈던 주소로 카드 보내면 되겠지요?

　　나 : _____ (으)니까 한번 확인해

　　　보는 게 좋을 것 같은데요.

5) 가 : 화장실 갈 때도 휴대폰을 가지고 가요?

　　나 : _____ 잖아요.

-다는 말이다

5 대화를 완성하십시오.

1) 가 : 한국에서 설날 전날과 다음 날도 쉬는 날이에요.

　　나 : 그럼 3일 동안 _____?

2) 가 : 명희하고 싸웠다고요? 명희는 원래 착한 사람인데…….

　　나 : _____?

3) 가 : 한 달에 25일 정도 일해요.

　　나 : 토요일에도 _____?

4) 가 : 서로의 인생을 위해서 각자 자유롭게 사는 게 어때?

　　나 : _____?

5) 가 : 한 달 만에 65킬로그램에서 55킬로그램이 됐대요.

　　나 : 10킬로그램이나 _____?

제2과
-(느)ㄴ다는 게
-(으)려던 참이다
-든지 -든지

어휘와 표현

1 알맞은 말을 골라 쓰십시오.

| 손을 대다   만지다   문지르다   쓰다듬다 |

1) 이 크림을 어깨에 바르고 잘 _____아/어 주면 덜 아플 거예요.

2) 우리 딸은 인형을 마치 동생처럼 머리를 _____아/어 주고 안아 줘요.

3) 내가 과자를 만들었는데 맛이 없는지 아무도 _____지 않아요.

4) 이 옷감은 _____아/어 보니까 실크 같은데요.

2 공통적으로 들어갈 단어를 고르십시오. ☐

> 제가 대학교를 졸업할 때까지 부모님이 학비를 _____아/어 주셨어요.
> 그런 말도 안 되는 핑계를 _____지 마세요.
> 주차장이 없는데 차를 어디에 _____(으)면 좋을까요?
> 의사 선생님이 청진기를 제 가슴에 _____아/어 보셨어요.

① 대다   ② 꾸다   ③ 닿다   ④ 세우다

-(느)ㄴ다는 게

3 보기와 같이 문장을 만드십시오.

> 보기
> 엘리베이터를 타고 7층에서 내려야 하는데 8층에서 내렸을 때
> ➡ 7층에서 내린다는 게 8층에서 내렸어요.

1) 브레이크를 밟아야 하는데 가속 페달을 밟았을 때
   ➡ _____.

2) 특별한 재료와 양념을 넣어서 맛있게 만들고 싶었는데 맛이 없게 되었을 때
   ➡ _____.

3) 삼십 분만 자려고 누웠다가 일어나 보니 두 시간이나 지나 있을 때
   ➡ _____.

4) 좋은 말로 주의를 주려고 생각했는데 화를 냈을 때
   ➡ _____.

5) 한 숟가락만 먹으려고 했는데 아이스크림 한 통을 다 먹었을 때
   ➡ _____.

-(으)려던 참이다

4 대화를 완성하십시오.

1) 가 : 같이 먹으려고 떡볶이랑 순대 좀 사 왔는데.
   나 : 그렇지 않아도 _____?

2) 가 : 아까 내가 보낸 문자 메시지 보셨어요?
   나 : _____.

3) 가 : 저 은행에 갈 건데 뭐 부탁하실 거 있으세요?
   나 : _____.

4) 가 : 책상 위가 왜 이렇게 지저분해요?
   나 : _____.

5) 가 : 지난번 보려고 했던 공연 말이에요, 다시 한다는데 같이 갈래요?
   나 : _____.

-든지 -든지

5 대화를 완성하십시오.

1) 가 : 요즘 살이 쪄서 운동을 해야겠는데, 어떤 운동이 좋을까요?
   나 : _____ 하세요.

2) 가 : 어제는 콧물만 나왔었는데 오늘은 기침도 나네요.
   나 : _____ 하는 게 좋겠어요.

3) 가 : 엄마, 하기 싫다는데 왜 자꾸 시키세요?
   나 : _____ 네 마음대로 해.

4) 가 : 난 정장이 없는데 그냥 아무 거나 입고 가면 안 될까요?
   나 : _____.

5) 가 : 신청서는 우편으로 보내야 하나요?
   나 : _____.

제3과

- -(으)ㄴ 줄 모르다
- -기는요
- -(으)ㄹ까 하다

어휘와 표현

1 알맞은 부사를 고르십시오.

1) 아무리 찾아 봐도 냄새 날 데가 없는데 이게 (도대체 / 도무지) 무슨 냄새지?

2) 오늘 뷔페에 가서는 왠지 고기가 싫어서 야채를 (대체로 / 주로) 먹었어요.

3) (이따가 / 나중에) 기회가 되면 영어 공부를 제대로 해 보고 싶어요.

2 공통적으로 들어갈 단어를 고르십시오. ☐

> 표지에 붙어 있는 상표를 _____아/어 주세요.
> 저는 월급 받으면 무조건 반은 _____아/어 놓고 써요.
> 동사무소에 가서 서류 좀 _____아/어 올게요.
> 아이가 저 로봇 장난감이 마음에 드는지 눈을 _____지 못해요.

① 빼다　　② 걸다　　③ 덜다　　④ 떼다

-(으)ㄴ 줄 모르다

3 대화를 완성하십시오.

1) 가 : 태영 씨가 다음 달에 아기를 낳는대요.

　　나 : _____.

2) 가 : 이게 얼마나 비싼 거라고요. 그렇게 함부로 다루면 안 돼요.

　　나 : _____.

3) 가 : 왜 저를 빼고 갔어요? 제가 얼마나 관심이 많은데.
   나 : _____.

4) 가 : 작곡한 노래가 히트해서 기쁘시겠습니다. 예상하셨습니까?
   나 : _____.

5) 가 : 복권 5장 중에서 2장을 친구한테 줬는데 그 중 한 장이 2등짜리였어요.
   나 : _____ 모르고 친구한테 주었군요.

6) 가 : 900번 버스 타면 한 번에 올 수 있는데 갈아타고 왔어요?
   나 : _____ 모르고 _____.

-기는요

4 대화를 완성하십시오.

1) 가 : 시간이 많이 남았는데 천천히 해도 되지요?
   나 : _____. 이틀밖에 안 남았어요.

2) 가 : 범수 씨는 형제가 많으니까 좋을 것 같아요
   나 : _____. 날마다 싸우는걸요.

3) 가 : 마리 씨, 아르바이트가 힘들지 않아요?
   나 : _____. 재미있는데요.

4) 가 : 그 일은 스트레스가 쌓이지 않을 것 같아요.
   나 : _____. 힘들어서 죽겠어요.

5) 가 : 귀찮게 해 드려서 죄송해요.
   나 : _____.

6) 가 : 바쁘실 텐데 이렇게 와 주셔서 감사합니다.
   나 : _____.

-(으)ㄹ까 하다

5 문장을 완성하십시오.

1) 지금 사는 집이 좁고 불편해서 _____.

2) 1년 계획으로 한국에 왔는데 한국 생활이 좋아서 _____.

3) 이번 연휴에는 _____.

4) 어제 저녁 식사는 _____ 하다가 밖에서 사 먹었어요.

5) 그 일은 _____ 하다가 제가 직접 했어요.

6 다음 말을 순서대로 연결하여 문장을 만드십시오.

1)

그 가게가 문을 닫았다 / 모르다 / 찾아갔다

→ _____.

2)

머리를 염색하다 / 하다 / 자르기만 했다

→ _____.

3)

배가 고프다 / 뭘 좀 먹으려고 (생각)했다 / 잘됐네요.

→ _____.

16

제4과
-(으)ㄴ가 보다
- 정도로
-을/를 통해서

어휘와 표현

1 단어와 맞는 설명을 연결하십시오.

1) 이모 • • ① 어머니의 오빠나 남동생

2) 외삼촌 • • ② 아버지의 여자 형제의 남편

3) 작은아버지 • • ③ 형의 부인

4) 고모부 • • ④ 부모님의 형제가 낳은 아이

5) 외숙모 • • ⑤ 남편의 누나나 여동생

6) 조카 • • ⑥ 아버지의 남동생

7) 사촌 • • ⑦ 언니의 남편

8) 형부 • • ⑧ 어머니의 언니나 여동생

9) 형수 • • ⑨ 형제의 아이

10) 시누이 • • ⑩ 어머니의 남자 형제의 부인

2 알맞은 단어를 골라 쓰십시오.

| 하다 | 받다 | 생기다 | 풀리다 |

1) 선생님이 아이가 그린 그림을 보고 너무 잘 그려서 다른 사람이 그려 주었다고 오해를 _____.

2) 나는 주로 집에서 일을 하는데 그것 때문에 이웃 사람들에게 실업자라고 오해를 _____.

3) 그 사람은 말이 별로 없는데 가끔 그런 성격 때문에 오해가 _____ (으)ㄹ 때도 있어요.

4) 친구 사이에 생긴 오해는 대화를 통해서 _____ 아/어야 합니다.

-(으)ㄴ가 보다

3 보기와 같이 밑줄 친 부분을 바꾸십시오.

> **보기**
> 요즘 이런 디자인이 <u>유행입니다.</u> ➡ 유행인가 봐요.

1) 별로 중요한 일이 <u>아니에요</u>. ➡ _____
2) 가방이 있는 걸 보니 이따가 다시 <u>오실 겁니다</u>. ➡ _____
3) 머리가 <u>아프십니다</u>. ➡ _____
4) 같이 놀고 <u>싶지 않아요</u>. ➡ _____
5) 토요일에 문을 <u>열지 않습니다</u>. ➡ _____
6) 어렸을 때 친구가 <u>많았어요</u>. ➡ _____
7) 청소기가 고장이 <u>났어요</u>. ➡ _____
8) 아직 식사 준비가 <u>되지 않았습니다</u>. ➡ _____

4 보기와 같이 문장을 만드십시오.

> 보기
> 친구가 연락도 없이 안 옵니다.
> ➡ 연락도 없이 안 오는 걸 보니까 무슨 급한 일이 생겼나 봐요.

1) 식당 문이 잠겨 있습니다.
   ➡ _____.

2) 사장님이 하루 종일 한 마디도 안 하십니다.
   ➡ _____.

3) 손님이 음식을 남겼습니다.
   ➡ _____.

4) 강대규 씨가 집도 사고 큰 차도 샀습니다.
   ➡ _____.

5) 남자 친구 소개 받으러 간 친구가 일찍 돌아왔습니다.
   ➡ _____.

6) 시험 성적을 말하지 않습니다.
   ➡ _____.

- 정도로

5 보기와 같이 문장을 바꾸십시오.

> **보기**
> 다리가 아파서 한 걸음도 못 걷겠어요.
> ➡ 한 걸음도 못 걸을 정도로 다리가 아파요.
>
> 다리가 아프지만 걸을 수는 있어요.
> ➡ 걷지 못할 정도로 다리가 아프지는 않아요.

1) 그 사람이 정말 싫어서 다시는 얼굴도 보고 싶지 않아요.
   ➡ _____.

2) 나리 씨는 무용을 잘해서 대회에 나가서 상을 받아요.
   ➡ _____.

3) 사람이 너무 많아서 서 있을 데도 없어요.
   ➡ _____.

4) 몸이 안 좋기는 한데 입원할 필요는 없을 것 같아요.
   ➡ _____.

5) 그 영화가 재미있었지만 두 번이나 보고 싶지는 않은데요.
   ➡ _____.

6) 좀 멀기는 하지만 차를 꼭 타야 하는 건 아니에요.
   ➡ _____.

-을/를 통해서

6 보기 와 같이 다음 단어를 이용하여 문장을 만드십시오.

| 책 | 인터넷 | 신문 | 잡지 | 친구 |
| 직업소개소 | 부동산 소개소 | 아는 사람 |

보기
> 아이들은 책을 통해서 배우는 것이 많습니다.

1) _____

2) _____

3) _____

4) _____

5) _____

6) _____

제5과
- -보고
- -더라도
- -말고는

어휘와 표현

1 '한국의 술 문화'에 대한 그림입니다. 그림을 보고 문장을 완성하십시오.

1)
윗사람에게 술을 따를 때는
_____.

2)
윗사람이 술을 따라 줄 때에도
_____.

3)
윗사람 앞에서 술을 마실 때에는
_____.

4)
건배를 할 때는 술잔을 들고
_____(이)라고 외치면서
술잔을 _____.

5)
옆 사람의 _____(으)면 빨리 술을 따라 줘야 합니다. 그렇게 하지 않으면 실례가 됩니다.

6)
술을 마신 다음 날 아침에는 북어국, 콩나물국 같은 _____을 먹습니다.

2 알맞은 부사를 고르십시오.

1) 저는 나중에 먹을 테니까 배가 고프면 (먼저 / 우선) 드세요.

2) 방을 (대충 / 대개) 정리했으니까 저녁 식사 준비하려고 해요.

3) 이 노래는 어린이 여러분을 위해서 (특별히 / 특히) 만든 거니까 잘 들어 보세요.

4) 이건 중요한 거니까 (꼭 / 꽉) 메모하고 외우세요.

-더라도

3 대화를 완성하십시오.

1) 가 : 앞에 나와서 한국말로 발표해 보세요.
   나 : _____ 예쁘게 봐 주세요.

2) 가 : 시간 꼭 지켜서 오세요.
   나 : _____ 먼저 가시지 말고 기다려 주세요.

3) 가 : 시험 결과가 좋아야 할 텐데 걱정입니다.
   나 : 결과가 안 좋더라도 _____.

4) 가 : 회사 생활이 쉽지는 않을 거예요.
   나 : 회사 생활이 좀 힘들더라도 _____.

5) 가 : 수술했으면 살 수도 있었을 텐데…….
   나 : 수술했더라도 _____.

6) 가 : 내가 잘해 주지 않아서 그 사람이 떠난 거 같아요.
   나 : _____ 떠났을 거예요.

7) 가 : 이번에 실패하면 그 일을 포기할 거예요?
   나 : 아니요, _____.

-말고는

4 대화를 완성하십시오.

1) 가 : 한국어말고 다른 외국어도 할 줄 아세요?
   나 : 아니요, _____ 없어요.

2) 가 : 한국에서 가 보신 데가 어디 어디예요?
   나 : _____ 없어요.

3) 가 : 이 집은 역에서 가까우니까 좋잖아요?
   나 : 역에서 가까운 것_____.

4) 가 : 소화가 잘 안 되는 것말고 또 안 좋으신 데가 있어요?
   나 : 아니요, _____.

5) 가 : 아이가 순한가 봐요. 우는 소리가 안 들려요.
   나 : 배고플 때_____.

복습 제1과 ~ 제5과

1 알맞은 부사를 골라 쓰십시오.

> 충분히   도대체   주로   꼬박꼬박   우선   대충

1) 조금 전까지 여기 있는 거 봤는데 (   ) 어디 갔지?

2) 건강을 위해서 아침밥은 (   ) 챙겨 드세요.

3) 사이즈를 잘 몰라서 (   ) 샀는데도 잘 맞는다.

4) 신용카드를 잃어버렸을 땐 (   ) 분실신고부터 하세요.

5) 직장인 5명 중 3명은 결제할 때 (   ) 신용카드를 사용한다고 한다.

2 밑줄 친 부분을 맞게 고치십시오.

1) 사람들 표정을 보니 강의가 별로 <u>재미없은가</u> 봐요. ➡ _____

2) 쉬라니요? 나보고 일하지 <u>않으라는</u> 말이에요? ➡ _____

3) 오랜만에 친구를 만났는데 못 <u>알아본 정도로</u> 많이 변했어요.
 ➡ _____

4) 어제 사촌 동생한테서 <u>저보고</u> 메일이 왔어요. ➡ _____

5) 등산하는 거말고는 특별히 하는 운동이 <u>있어요</u>. ➡ _____

6) 그렇지 않아도 커피 한잔 <u>마신</u> 참이었는데 잘됐네요. ➡ _____

3 알맞은 것을 모두 고르십시오.

1) 가 : 도와주셔서 정말 감사해요.
   나 : (감사하기는요. / 감사하다는 말이에요? / 감사하다니요?)

2) 가 : 구름이 많이 끼었네요.
   나 : 오후에 비가 (오려나 봐요. / 올까 해요. / 올 것 같아요.)

3) 가 : 약이나 주사로는 치료가 안 된단 말씀이세요?

나 : 네. 그렇습니다. 그러니까 어깨가 좀 (아픈데도 / 아파도 / 아프더라도) 계속 운동하세요.

4) 가 : 졸업 후에 뭘 할 생각이에요?
　　나 : 대학원에 (갈까 해요 / 가려나 봐요. / 가기로 했어요.)

5) 가 : 회원 카드를 신청하고 싶은데요.
　　나 : 카드 신청은 홈페이지(를 / 에 / 로) 통해서만 신청이 가능합니다.

4 다음 유형을 이용하여 두 문장을 연결하십시오.

> -(으)ㄴ 반면에　　-ㄴ/는다는 게　　-(으)ㄴ 줄 모르고
> 　-더라도　　　-정도로　　　-말고는

1) 한번 보거나 들은 건 잊어버리지 않아요. 기억력이 좋아요.
　➡ _____.

2) 아시아에서는 중국에만 가 봤어요. 다른 나라는 가 본 데가 없어요.
　➡ _____.

3) 연락하려고 했어요. 근데 너무 바빠서 깜빡 잊어버렸어요.
　➡ _____.

4) 미국이나 영국에 유학 가지 않아요. 그래도 영어를 잘 할 수 있어요.
　➡ _____.

5) 형은 말이 없고 생각이 깊어요. 동생은 활발해요.
　➡ _____.

6) 한국말이 어려울 거라고 생각 못했어요. 시작했어요.
　➡ _____.

제6과 -에다가 / -(으)ㄴ 데다가
아무 -도
-곤 하다

어휘와 표현

1 다음은 외국인들이 생각하는 한국의 좋은 점들입니다. 여러분은 이 중에서 어떤 것들이 좋다고 생각하는지 3가지를 골라서 그 이유를 쓰십시오.

> 안전한 거리, 빠른 인터넷, 싸고 편리한 대중교통, 친절한 사람들,
> 찜질방, 항상 열려 있는 상점들, 소주와 삼겹살

1) _____
2) _____
3) _____

2 '떨어지다'와 반대되는 단어를 골라 쓰십시오.

> 남았다   올라갔다   붙었다   붙어 있다

1) 공부를 열심히 했는데도 오히려 성적이 <u>떨어졌어요</u>. ➡ _____

2) 식용유가 <u>떨어졌는데</u> 가서 좀 사다가 줄래요? ➡ _____

3) 여기에서 100m쯤 <u>떨어진</u> 곳에 꽃집이 하나 더 있을 테니까 거기 가서 물어 보세요. ➡ _____

4) 저는 대학 입학시험에 한 번 <u>떨어진</u> 적이 있어요. ➡ _____

-에다가 / -(으)ㄴ 데다가

3 맞는 것을 모두 고르십시오.

1) 가방을 바닥(① 에 / 에서 / 에다가) 놓고 의자(② 에 / 에서 / 에다가) 앉으세요.

2) 상추(① 에 / 에서 / 에다가) 고기를 놓고 싸서 먹어요.

3) 학교(① 에 / 에다가) 전화하니까 벌써 집(② 에 / 에다가) 갔다고 하던데요.

4) 책(① 에 / 에다가 / 에서) 낙서를 하면 안 돼요.

5) 옷(① 에 / 에다가 / 에서) 잉크가 묻어서 빨았어요.

6) 방(① 에 / 에다가 / 에서) 편지 봉투 봤어요? 아까 내가 책상 위(② 에 / 에다가 / 에서) 갖다가 놨는데.

7) 150(① 에 / 에서 / 에다가) 75를 더한 다음 그 수(② 에 / 에서 / 에다가) 19를 빼세요.

아무 -도

4 문장과 대화를 완성하십시오.

1) 오늘은 피곤해서 ＿＿＿＿＿＿＿＿＿＿ 가고 싶지 않아요.

2) 이거 다른 사람이 알면 안 되니까 ＿＿＿＿＿＿＿＿＿＿ 말하지 마세요.

3) 전화를 안 받는 걸 보니까 사무실에 ＿＿＿＿＿＿＿＿＿＿ 없나 봐요.

4) 내일 병원에서 위 검사해야 되니까 ＿＿＿＿＿＿＿＿＿＿ 먹으면 안 돼요.

5) 가 : 표정이 왜 그래요? 무슨 일 있었어요?

    나 : ＿＿＿＿＿＿＿＿＿＿＿＿＿＿＿＿＿＿＿＿＿＿＿＿.

6) 가 : 선생님이 시험에 대해서 무슨 말씀 하셨어요?
   나 : _____.

7) 가 : 승준이한테서 무슨 연락이 있었어요?
   나 : _____.

8) 가 : 방학 때 어떻게 지낼지 계획 세웠어요?
   나 : _____.

-곤 하다

5 보기와 같이 밑줄 친 부분을 바꾸십시오.

보기

어릴 때 명절에 친척들이 모이면 윷놀이를 <u>했습니다.</u>
➡ 하곤 했습니다.

요즘도 가끔 그 생각이 나서 윷놀이를 <u>해요.</u> 방학 때가 되면 외할머니 댁에
                              1) (   )

<u>놀러 갔어요.</u> 또 동생을 데리고 냇가에 가서 물고기도 잡고 잠자리도 <u>잡았어요.</u>
2) (   )   3) (   )

고등학교 때는 클래식 음악을 자주 <u>들었어요.</u>
                              4) (   )

대학교 때는 가끔 당구를 <u>쳤는데</u> 요즘은 통 안 쳐요. 요즘은 큰아들과 같이
                    5) (   )

가끔 볼링을 <u>칩니다.</u> 그리고 옛날에는 포장마차에 자주 <u>갔어요.</u>
          6) (   )   7) (   )

요즘도 소주 생각이 날 때마다 아내와 같이 <u>갑니다.</u>
                                    8) (   )

6 5번의 내용처럼 여러분의 어린 시절과 지금의 이야기를 써 보십시오.

-(으)ㄹ까 -(으)ㄹ까
-고말고요
- 못지않다

어휘와 표현

1 알맞은 단어를 골라 쓰십시오.

> 검색   삭제   저장   접속   복사   전송   첨부파일

1) 컴퓨터로 글을 쓸 때 자료가 날아가는 경우가 있는데 이를 막으려면 도중에 한 번씩 _____ 키를 눌러야 합니다.

2) 이상한 이메일이 와 있으면 열어 보지 말고 바로 _____ 하세요.

3) 이동 전화 등을 이용해 인터넷에 _____ 하면 어디서든지 쉽게 정보를 얻을 수 있다.

4) 이메일을 보낼 때 사진도 같이 _____ (으)로 보낼 테니까 열어 보세요.

5) 자료를 찾아야 할 것이 있으면 우선 인터넷에서 _____ 해 보세요.

6) 친구한테서 받은 글이 너무 감동적이고 재미있어서 아는 사람들에게 _____ 해 주었어요.

2 그림을 보고 알맞은 말을 골라 쓰십시오.

1) 받지 못한 전화를 확인할 때는 _____ 을/를 누릅니다.

2) 새로운 전화번호를 저장해 놓을 때는 _____ 을/를 누릅니다.

3) 이전에 내가 걸었던 전화번호를 확인할 때는 _____ 을/를 누릅니다.

4) 저장해 놓은 전화번호를 확인할 때는 _____ 을/를 누릅니다.

5) 이전에 내가 받은 전화번호를 확인할 때는 _____ 을/를 누릅니다.

-(으)ㄹ까 -(으)ㄹ까

3 문장과 대화를 완성하십시오.

1) 너무 오랫동안 긴 생머리만 해서 _____ 생각 중이에요.

2) 학교를 졸업하고 _____ 고민하고 있어요.

3) _____ 망설이다가 샀는데 어때요?

4) 가 : 밥 먹고 영화 볼 거예요? 아니면 영화부터 볼 거예요?
   나 : _____.

5) 가 : 회사를 그만두실 거예요?
   나 : _____.

6) 가 : 신혼여행은 어디 가기로 했어요?
   나 : _____ 하다가
   _____.

-고말고요

4 질문에 대답하십시오.

1) 가 : 아들이 결혼해서 며느리가 들어오니까 기쁘시지요?
   나 : _____.

2) 가 : 지난번에 도와 준 친구들 정말 고맙죠?
   나 : _____.

3) 가 : 영업부 회식에 제가 따라가도 될까요?
   나 : _____.

4) 가 : 한 번도 해 본 적이 없는데 별로 어렵지 않겠죠?
   나 : _____.

5) 가 : 아빠, 저 시험 100점 받았으니까 용돈 좀 올려 주실 거죠?
   나 : _____.

6) 가 : 이번 일은 제날짜에 꼭 해 주셔야 돼요.
   나 : _____.

- 못지않다

5 대화를 완성하십시오.

1) 가 : 남자들이 여자들보다 집안일을 더 잘한다고요?
   나 : _____.

2) 가 : 어머니 자랑 좀 해 보세요.
   나 : 우리 어머니는 _____.

3) 가 : 아무리 잘해도 중학생인데 대학생들과 시합할 수 있을까요?
   나 : _____.

4) 가 : 대기업도 아닌 그 회사를 선택한 이유가 있습니까?
   나 : _____.

5) 가 : 형이 개구쟁이라서 엄마가 힘들겠어요. 동생은 얌전해요?
   나 : 아니요, _____.

6) 가 : 새로 온 팀장님은 저번 팀장님보다 까다롭지 않지요?
   나 : 아니요, _____.

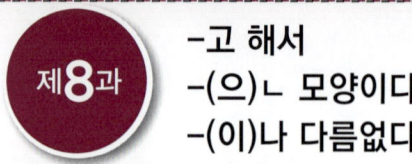

제8과
-고 해서
-(으)ㄴ 모양이다
-(이)나 다름없다

어휘와 독해

1. 최근에 인터넷 사용자들 사이에서 다음과 같은 인터넷 예절을 지키자는 움직임이 있습니다. 다음 글을 읽고 질문에 대답하십시오.

> (1) 다른 사람의 ㉮_____을/를 존중하고 보호한다.
>
> (2) 건전한 정보를 제공하고 올바르게 사용한다.
>
> (3) 불건전한 정보는 받아들이지 않고 ㉯_____ 않는다.
>
> (4) 다른 사람의 정보를 보호하고 자신의 정보도 철저하게 관리한다.
>
> (5) 비속어나 욕설을 사용하지 않고 바른 언어를 사용한다.
>
> (6) ㉰_____(으)로 활동하고 자신의 아이디에 책임을 진다.
>
> (7) 바이러스 유포나 해킹 등의 불법적인 일은 하지 않는다.
>
> (8) 다른 사람의 지적 소유권을 보호하고 존중한다.
>
> (9) 건전한 ㉱_____ 문화를 조성하기 위해 노력한다.

1) ㉮에 들어갈 말로 '인간적인 권리와 개인적인 생활'이란 의미를 가진 말은 무엇입니까? ☐

① 자유와 평등　　② 인격과 자존심　　③ 인권과 사생활　　④ 기회와 재산

2) ㉯에 들어갈 말로 '다른 사람에게 널리 알림'의 뜻을 가진 말은 무엇입니까? ☐

① 퍼뜨리지　　② 빠뜨리지　　③ 터뜨리지　　④ 망가뜨리지

3) ㉢에 들어갈 말로 '실제 이름'의 뜻을 가진 말은 무엇입니까? ☐

① 예명　　　　② 본명　　　　③ 가명　　　　④ 실명

4) ㉣에 들어갈 말로 '인터넷 등을 통해서 연결된 사회의 사람'의 뜻을 가진 말은 무엇입니까? ☐

① 사이트　　　② 네티즌　　　③ 에티켓　　　④ 로그인

-고 해서

2 질문에 대답하십시오.

1) 가 : 하숙집을 왜 옮기셨어요?
　　나 : _____.

2) 가 : 오늘 왜 한턱내시는 거예요?
　　나 : _____.

3) 가 : 어제 모임에는 왜 빠지셨어요?
　　나 : _____.

4) 가 : 일부러 백화점까지 가서 장을 보셨어요?
　　나 : _____.

5) 가 : 부인과 내일모레 여행 가시기로 했다면서요?
　　나 : _____.

6) 가 : 집수리를 하려면 힘들텐데 왜 하세요?
　　나 : _____.

-(으)ㄴ 모양이다

3 문장과 대화를 완성하십시오.

1) 집에 전화를 해도 받지 않는 걸 보니 _____.

2) 영화에 대한 네티즌들의 평이 좋은걸 보니 _____.

3) 한 시간이나 지났는데 오지 않는 걸 보니 _____.

4) 가 : 수술 결과가 어떻대요?
   나 : 모레 퇴원한다는 걸 보니까 _____.

5) 가 : 무역한다는 황 선배는 요즘 사업이 잘 된대요?
   나 : _____.

6) 가 : 성진이가 지난주에 입사 시험 본 거 어떻게 됐는지 아세요?
   나 : _____.

-(이)나 다름없다

4 문장을 완성하십시오.

1) 이 옷장은 5년이나 썼는데도 너무 깨끗하게 써서 _____.

2) 어릴 때부터 계속 옆집에 살던 친구라서 _____.

3) 부산에서 태어나진 않았지만 20년이나 살았으니까 _____.

4) 점수로는 비겼지만 내용 면에서는 우리 팀이 _____.

5) 이 책은 앞부분에 중요한 게 다 있으니까 여기까지 읽었으면 _____.

6) 아무리 _____ 사이라지만 그래도 남인데 너무 편하게 대하는거 아니에요?

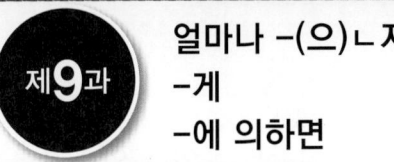

제9과

얼마나 -(으)ㄴ지 모르다
-게
-에 의하면

어휘와 독해

1 다음 글을 읽고 질문에 대답하십시오.

> 이제 인터넷이 없는 생활은 상상하기 어렵다. 홈쇼핑이나 티켓 예매, 직장인의 일처리는 물론이고 학생들의 과제물도 인터넷이 없으면 하기 어려울 정도다. 이렇게 우리 생활을 편하게 해 주는 인터넷이지만, 인터넷 때문에 실제 생활이 어렵게 되는 사람들이 생기고 있다. 온라인 게임이나 채팅에 ㉮_____ 게임 중독, 채팅 중독 같은 것들이 그것이다.
>   하루도 ㉯_____ 인터넷을 사용하거나 외출이 점점 줄어드는 사람, 모니터 앞에서 식사하기도 하고 이메일을 하루에도 몇 번씩 확인하는 사람, 가족이 없을 때 오히려 편안한 마음으로 인터넷에 접속하는 사람은 한 번쯤 인터넷 중독을 ㉰_____ 보아야 한다.
>   특히 청소년들은 공부에 대한 심한 부담과 부모의 따뜻한 관심 부족 등 현실에 대한 불만 때문에 인터넷 중독이 되는 경우가 대부분이고 성격과 사회성 발달에서 문제가 생기기도 한다.

1) ㉮에 들어갈 말로 알맞은 것을 고르십시오. ☐

   ① 떨어지는   ② 빠지는   ③ 들어가는   ④ 젖는

2) ㉯에 들어갈 말로 알맞은 것을 고르십시오. ☐

   ① 틀림없이   ② 제외 없이   ③ 착오 없이   ④ 빠짐없이

3) ㉰에 들어갈 말로 알맞은 것을 고르십시오. ☐

   ① 의심해   ② 추측해   ③ 연결해   ④ 인정해

4) 윗글의 내용과 관계없는 것은 무엇입니까? ☐

① 청소년 인터넷 중독의 원인　　② 인터넷으로 할 수 있는 일
③ 인터넷 중독의 해결 방법　　　④ 인터넷 중독임을 알 수 있는 기준

얼마나 -(으)ㄴ지 모르다

2 보기와 같이 같은 의미의 문장으로 바꾸십시오.

> **보기**
> 결혼식에 손님이 정말 많이 왔어요.
> ➡ 결혼식에 손님이 얼마나 많이 왔는지 몰라요.

1) 사용 방법이 굉장히 복잡해요.
   ➡ _____.

2) 어제 개그 프로그램 보면서 너무 많이 웃었어요.
   ➡ _____.

3) 아이들이 말을 진짜 안 들어요.
   ➡ _____.

4) 면접시험 때 긴장해서 많이 떨었어요
   ➡ _____.

5) 엘리베이터가 멈춰서 30분 동안 갇혀 있었는데 정말 무서웠어요.
   ➡ _____.

6) 휴대 전화가 없어져서 많이 찾았어요.
   ➡ _____.

-게

3 문장과 대화를 완성하십시오.

1) 굽고 있는 생선이 _____ 잘 보세요.

2) 설명이 어려운데 _____ 다시 한번 설명해 주세요.

3) _____ 안내서에 영어 번역을 넣어 주세요.

4) _____ 사진을 풀로 붙여 주세요.

5) _____ 피자를 큰 걸로 시키자.

6) 정민이 생일에 _____ 깜짝 이벤트를 준비하면 어떨까?

7) 가 : 케이크 맛있네요. 엄마, 내가 이거 다 먹어도 돼요?
   나 : _____ 조금 남겨 놓아.

8) 가 : 이 서류는 어디에 보관할까요?
   나 : _____ 서류 상자에 잘 넣어 두세요.

-에 의하면

4 질문에 대답하십시오.

1) 가 : 작년 경제 성장률이 얼마였는지 아세요? (정부 발표)

   나 : _____.

2) 가 : 앞으로 주가가 어떻게 될 것 같습니까? (전문가 말)

   나 : _____.

3) 가 : 두 사람이 가까운 사이라면서요? (친구들 말)

   나 : _____.

4) 가 : 이번 선거에서 여당과 야당 후보 중 누가 당선될까요? (여론조사)

   나 : _____.

5) 가 : 비행기 사고의 원인이 뭐래요?

   나 : _____.

6) 가 : 의사가 뭐래요? 이 병을 고칠 수 있대요?

   나 : _____.

제10과
- -았/었더라면
- -(으)ㄹ 뻔하다
- -도록

어휘와 표현

1 알맞은 단어를 골라 쓰십시오.

> 공과금   납부   마감일   연체료   관리비

1) 세금이나 수도, 전기요금 등을 냄 ➡ _____

2) 세금이나 요금 등을 내야 하는 기한의 마지막 날 ➡ _____

3) 전기, 수도, 전화 등의 요금이나 재산세, 소득세 등의 세금 ➡ _____

4) 주택, 아파트를 유지하기 위해 드는 공과금이나 유지비 ➡ _____

5) 세금이나 여러 가지 요금 등을 제때에 내지 않아서 더 내야 하는 돈 ➡ _____

2 다음을 보고 질문에 대답하십시오.

관리비 납부 고지서 2013년 3월분 113동 1004호(85㎡)					
	일반관리비	65,866	전기료	세대 전기료	44,560
	청소비	5,120		공동 전기료	8,502
	화재보험료	357	수도료	상수도	13,600
	소독비	770		하수도	2,562
난방료	세대 난방	45,965		공동 수도료	202
	기본 난방	4,786		급탕(온수)	19,512
이번달 납부액					211,802
연체료(5%)					10,590
납기후 금액					222,392
납부 기한일					2013년 4월 30일

1) 위의 내용과 같으면 ○, 다르면 × 하십시오.

　① 이번 달에 내야 할 금액은 모두 합해서 222,392원입니다.　(　　)

　② 3월 한 달에 대한 관리비 청구서입니다.　(　　)

　③ 이 청구서에는 가스 요금은 들어 있지 않습니다.　(　　)

　④ 4월 말까지 납부하지 않으면 연체료를 내야 합니다.　(　　)

　⑤ 온수 요금은 수도 요금에 포함되어 있습니다.　(　　)

2) 위에서 '청구서'와 비슷한 의미의 단어를 찾아서 쓰십시오. (　　　　)

-았/었더라면

3 보기와 같이 같은 의미의 문장으로 바꾸십시오.

> 보기
> 미리 알지 못해서 그런 일을 막지 못한 거예요.
> ➡ 미리 알았더라면 그런 일을 막을 수 있었을 텐데…….

1) 늦게 발견돼서 목숨을 구할 수 없었어요.
　➡ _____.

2) 치료를 제대로 받지 않아서 병이 더 커졌어요.
　➡ _____.

3) 다행히 도장을 가지고 가서 서류를 뗐어요.
　➡ _____.

4) 준비를 충분히 못해서 안 좋았어요.
　➡ _____.

5) 부모님 말을 듣지 않아서 사고가 났어요.

   ➡ _____.

6) 그때 참지 않아서 일이 더 커졌어요.

   ➡ _____.

-(으)ㄹ 뻔하다

4 문장과 대화를 완성하십시오.

1) 지하철에 사람이 얼마나 많은지 _____.

2) 3년 만에 조카를 만났는데 너무 많이 변해서 _____.

3) 아침에 늦게 일어나서 _____는데 버스가 일찍 와서 지각 안 했어요.

4) 어제 열쇠를 안 갖고 나와서 방에 _____는데 하숙집 아주머니가 열어 주셔서 들어갔어요.

5) 가 : 어제 소나기가 갑자기 쏟아졌는데 비 안 맞았어요?
   나 : 네, 친구가 우산을 빌려 주지 않았더라면 _____.

6) 가 : 늦게 출발했는데 비행기는 잘 탔어요?
   나 : 조금만 더 늦게 출발했더라면 _____.

7) 가 : 건강 검진에서 병이 있는 걸 알았다면서요?
   나 : 네, _____.

8) 가 : 거기 앉지 마세요. 의자에 뭔가 묻어 있어요.
   나 : 고마워요. _____.

-도록

5 보기와 같이 그림을 보고, 알맞은 말을 골라 문장을 완성하십시오.

| 목이 빠지다 | 상다리가 부러지다 | 배가 터지다 |
| 손이 발이 되다 | 목이 터지다 | 코가 비뚤어지다 |

보기

상다리가 부러지도록 음식을 많이 차렸습니다.

1)
_____ 빌었어요.

2)
_____ 술을 마셨습니다.

3)
_____ 기다렸어요.

4)
_____ 응원했어요.

5)
_____ 먹었습니다.

6 문장과 대화를 완성하십시오.

1) 다음 주부터 시험이니까 _____.

2) 돈을 _____도록 잘 보관하세요.

3) 집을 비우고 여행을 떠날 때는 _____
   문을 잘 잠그고 가세요.

4) 가 : 의사선생님, 술 담배가 저한테 그렇게 해로운가요?
   나 : _____.

5) 가 : 부장님, 불우이웃 돕기 성금은 얼마씩 내야 해요?
   나 : _____.

6) 가 : 지난달에 비해서 판매량이 많이 줄었는데요.
   나 : _____.

7) 가 : 저 때문에 이런 사고가 생겼습니다. 죄송합니다.
   나 : _____.

8) 가 : 친구한테 이 얘기를 하면 기분 나빠할 것 같은데…….
   나 : _____.

9) 가 : 병원에 가서 엑스레이 찍었는데 감기가 심해져서 폐렴이 됐대요.
   나 : _____ 그냥 있었어요?

10) 가 : 어제 오기로 한 사람은 왔어요?
    나 : _____ 안 오던데요.

복습 제6과 ~ 제10과

1 알맞은 부사를 골라 쓰십시오.

> 얼른   자세히   당연히   한때   완전히   한참   대부분

1) 앞 기차가 떠나고 나서 _____ 후에 다음 기차가 도착했다.

2) 이 그림은 꽃과 나무의 모습을 사진처럼 _____ 그려 놓았다.

3) 오늘 낮 서울 최고 기온은 33도까지 올라가고 오후 _____ 소나기가 내리겠습니다.

4) 가 : 길이 얼마나 막혔는데요?
   나 : _____ 막혔어요. 한 시간 동안 그 자리에 그대로 있었어요.

5) 가 : 식사 준비 다 됐어요?
   나 : 네, 다 됐어요. 손 씻고 _____ 오세요.

6) 가 : 이번 선거 날 투표할 거예요?
   나 : 국민의 한 사람으로 _____ 투표해야 한다고 생각해요.

7) 가 : 어떻게 결혼한 지 3년 만에 집을 샀어요?
   나 : 월급을 받으면 _____ 저축했어요.

2 밑줄 친 부분을 맞게 고치십시오.

1) 기쁘냐고요? 그럼요, <u>기쁘지 말고요</u>. 얼마나 좋은데요. ➡ _____

2) 집에 갔었는데 <u>아무나</u> 없던데요. ➡ _____

3) 아까 <u>여기에다가</u> 있었는데 없어졌어요. ➡ _____

4) 조금만 일찍 <u>오더라면</u> 만날 수 있었을 텐데……. ➡ _____

5) 늦게 오는 사람들 <u>앉으려고</u> 뒤에다 의자를 놓았어요. ➡ _____

6) 그분 말에 <u>의해서</u> 그 병은 유전이 아니라고 하던데요. ➡ _____

7) 기분이 좋은 걸 보니까 시험을 잘 봤는 모양이에요. ➡ _____

8) 하숙집에 오래 살아서 주인아주머니가 어머니라도 다름없어요.
   ➡ _____

3 다음 유형을 이용하여 두 문장을 연결하십시오.

> -고 해서   -게   -도록   -에 의하면   -았/었더라면

1) 집에 갔다 온 지도 오래됐어요. 한번 갔다 오려고 해요.
   ➡ _____.

2) 못 보고 그냥 갔어요. 아쉬울 뻔했어요.
   ➡ _____.

3) 사람들이 잘 볼 수 있어요. 눈에 띄는 데다 붙여 주세요.
   ➡ _____.

4) 12시가 넘었어요. 아직 집에 들어오지 않아요.
   ➡ _____.

5) 담당자 말을 들었어요. 다음 주에 인사이동이 있을 거라고 해요.
   ➡ _____.

4 다음 유형을 이용하여 같은 의미가 되도록 문장을 만드십시오.

> - 못지않게   얼마나 -(으)ㄴ지 모르다
> -(으)ㄹ 뻔하다   -고는 하다   -고말고요

1) 친구가 전화를 해줘서 약속을 기억했어요. 그렇지 않았으면 잊어버렸을 거예요.
   ⇒ _____.

2) 이 소설은 영화만큼 재미있던데요.
   ⇒ _____.

3) 그 사람이 내 설명을 못 알아들어서 너무 답답했어요.
   ⇒ _____.

4) 초등학교 때 방학이 되면 자주 시골 친척집에 놀러 갔어요.
   ⇒ _____.

5) 그 사람이 초대하면 당연히 가겠어요.
   ⇒ _____.

작 문

5 휴대 전화를 많이 사용하게 되면서 우리들의 생활이 변하고 있습니다.
어떤 점들이 달라졌는지 다음의 내용을 넣어서 300자 내외로 써 보십시오.

* 휴대 전화의 사용으로 편리해진 점
* 휴대 전화의 사용으로 불편해진 점
* 휴대 전화 사용 시 주의점

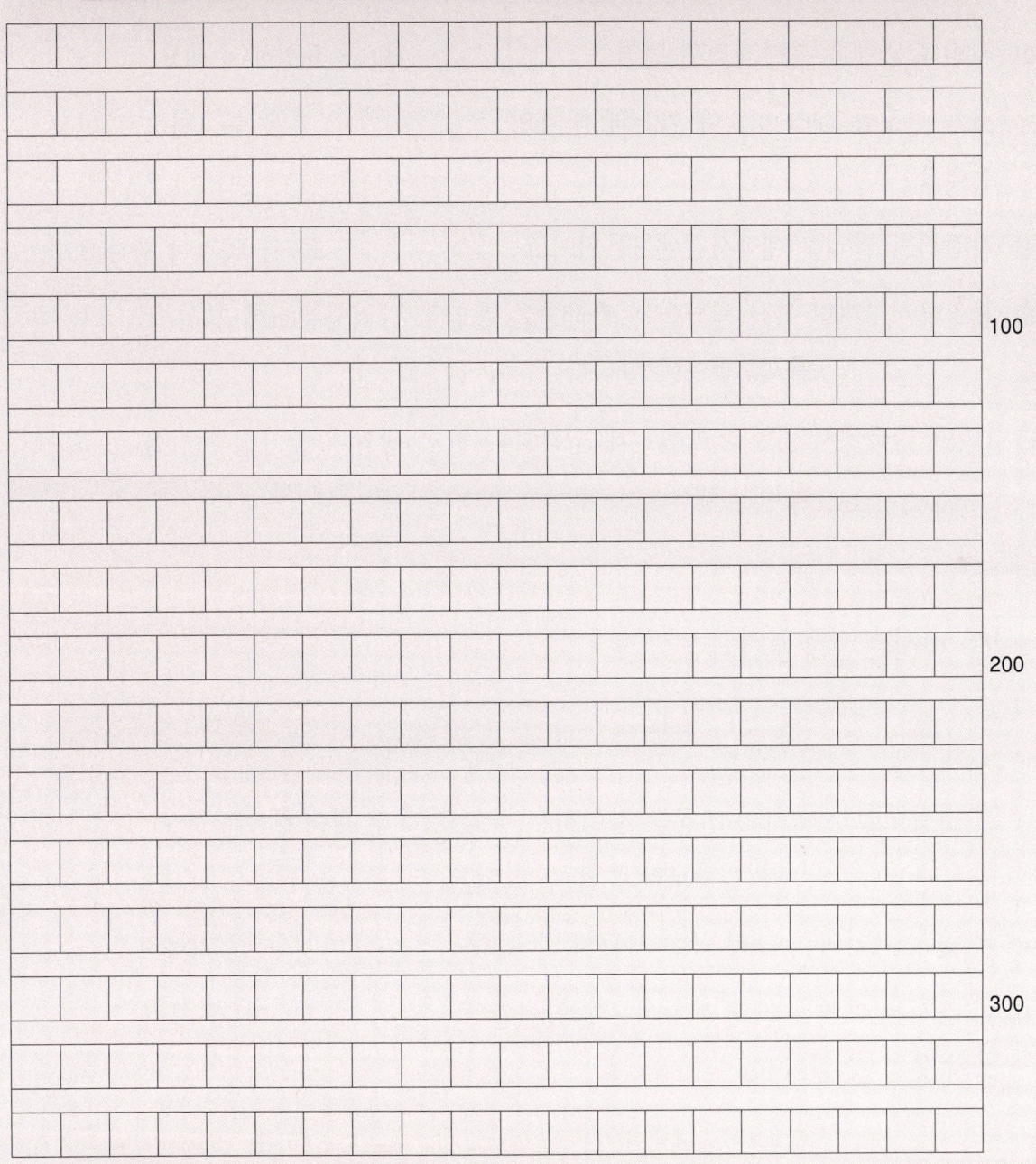

제11과
- -아/어 가다(오다)
- -(으)ㄴ데요, 뭘
- -았/었었다

어휘와 표현

1 알맞은 단어를 골라 쓰십시오.

> 신청서   계약서   외국인 등록증   신분증   체류기간   연장   발급

1) 여권을 잃어버려서 다시 _____ 받아야 할 것 같아요.

2) 저희 학원에 등록하시려면 먼저 _____을/를 작성해 주세요.

3) 제가 연구를 하러 미국에 가는데 비자의 _____을/를 1년으로 하고 싶어요.

4) 자전거를 빌리는 데 1시간에 3천원이고 _____을/를 맡겨야 한대요.

5) 한국에서 3개월 이상 체류하는 외국인은 출입국 관리사무소에 가서 _____을/를 받아야 합니다.

6) 1년만 한국에서 일하려고 왔는데 생각보다 한국 생활이 좋아서 계약을 _____하려고 해요.

2 알맞은 단어를 골라 쓰십시오.

> 금   첫째   오래   믿음   손

1) 그 고등학교는 역사와 전통을 자랑하는 학교로 우리 지역에서는 _____ 가는 학교라고 할 수 있어요.

2) 이 꽃은 보기와는 달리 금방 시들지 않고 꽤 _____ 갈 거예요.

3) 이 접시는 아끼는 건데 깨지지는 않았지만 _____이/가 가서 쓰지 못할 것 같아요.

4) 기분을 바꿔 보려고 머리 스타일을 바꿨는데 _____이/가 많이 가서 아침마다 시간이 많이 걸려요.

5) 그 사람은 거짓말도 하고 뭔가 숨기는 것 같아서 이제는 _____이/가 안 가요.

-아/어 가다(오다)

3 보기와 같이 알맞은 형태로 바꾸십시오.

> 보기
> 그 감독은 사회 문제를 다루는 영화를 <u>찍어왔다</u>. (찍다)

1) 지금까지 _____(으)면서 가장 힘들었던 때는 언제예요? (살다)

2) 두 사람이 _____(으)ㄴ 환경이 너무 달라서 서로 생각이 다를 때가 있어요. (자라다)

3) 40년 동안 도자기 빚는 일을 _____(으)ㄴ 분으로서 한 말씀 해 주십시오. (하다)

4) 부부가 오래 같이 살면 얼굴이나 성격이 _____아/어요. (닮다)

5) 이번 홍수로 집이 물에 잠겨서 앞으로 어떻게 _____(으)ㄹ지 걱정입니다. (살다)

6) 회장으로 뽑아 주셔서 감사합니다. 우리 모임을 잘 _____겠습니다. (이끌다)

-(으)ㄴ데요, 뭘

4 질문에 대답하십시오.

1) 가 : 이 셔츠하고 바지가 안 어울리는 것 같지 않아요?
   나 : _____.

2) 가 : 기온이 영하라는데 옷이 너무 얇은 거 아니에요?
   나 : _____.

3) 가 : 지난번 일 때문에 사과드리러 왔어요.
   나 : _____.

4) 가 : 저를 위해서 일부러 그런 수고까지 해 주시고 정말 고맙습니다.
   나 : _____.

5) 가 : 제가 소금을 좀 많이 넣은 것 같은데 맛이 어때요?
   나 : _____.

6) 가 : 제 발음이 나쁘죠? 연습해도 잘 안 되네요.
   나 : _____.

-았/었었다

5 보기와 같이 '어린 시절 이야기' 또는 '한국에 처음 왔을 때 이야기'를 쓰십시오.

보기 1

저는 어렸을 때 김치를 안 먹었었어요. 그리고
아주 말랐었어요. 운동을 아주 싫어했었고요.

보기 2

대학교 때 한국에 혼자 놀러 왔었어요.
한국에 처음 왔을 때 한국말을 하나도 못했었어요.

6 다음 말을 순서대로 연결하여 문장을 만드십시오.

1)
> 어려운 일이 생기다 / 포기하지 말다 / 최선을 다 하다

➡ _____.

2)
> 이 생선은 우유 못지않다 / 영양분이 많다 / 많이 드시다

➡ _____.

3)
> 친구가 하자고 하다 / 저 쪽 자리에 앉았다 / 골 넣는 걸 잘 봤다

➡ _____.

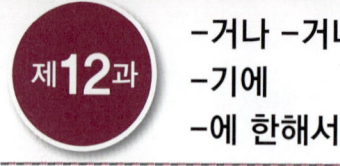

제12과
-거나 -거나
-기에
-에 한해서

어휘와 표현

1 아래에 있는 휴대 전화 요금 제도를 읽고 각 사람에게 알맞은 것을 골라 쓰십시오.

우리끼리 요금
* 기본요금 28,000원/월
* 지정 번호 요금 할인
  - 6개 번호까지 10원/10초
  - 지정 번호 외에 18원/10초
* 한 달 무료 문자 100건

긴 통화 요금
* 기본요금 24,000원/월
* 통화 시간 3분 이내 18원/10초
  통화 시간 3분 이상 9원/10초
* 무료 통화 없음

스페셜 요금
* 기본요금 18,500원/월
* 일요일 · 공휴일 · 심야(밤 12:00~06:00) 요금 할인 9원/10초
* 평상시 38원/10초
* 무료 통화 10분/월

표준 요금
* 기본요금 21,000원/월
* 18원/10초
* 무료 통화 10분/월

1) "저는 고객들과 전화로 상담해야 하는 일을 합니다. 20분 이상씩 통화하는 경우도 많아서 요금이 부담이 됩니다." ➡ _____

2) "저는 주부니까 외출했을 때 잠깐씩 통화하는 것말고는 별로 안 써요." ➡ _____

3) "저는 미국에 있는 가족이나 친구하고 주로 통화하는데 주말 밤 12시가 지난 시간에 많이 해요." ➡ _____

4) "저는 친구가 몇 명밖에 없는데 매일 통화하고 문자도 자주 보내요. 문자가 더 빠르고 편하거든요." ➡ _____

-거나 -거나

2 대화를 완성하십시오.

1) 가 : 휴대폰이 갑자기 안 되는데요. (전원을 껐다 켜다 / 배터리를 바꿔 보다)
   나 : _____거나 _____거나 하시면 됩니다.

2) 가 : 오랜만에 운동을 해서 근육이 아프네요. (파스를 붙이다 / 마사지를 하다)
   나 : _____거나 _____거나 하는 게 어때요?

3) 가 : 시험 신청 접수를 하려고 하는데 어떻게 하면 되나요?
   나 : _____거나 _____거나 하시면 됩니다.

4) 가 : 귀국하시게 되면 여기서 쓰던 물건들은 어떻게 하실 건가요?
   나 : _____거나 _____거나 하려고요.

5) 가 : 주말에는 보통 무엇을 하면서 지내세요?
   나 : _____거나 _____거나 하면서 지내요.

6) 가 : 지하철에서 큰 소리로 통화하는 사람들 정말 이해가 안 돼요.
   나 : 맞아요. 다른 사람들이 _____거나 말거나 관심도 없나 봐요.

-기에

3 대화를 완성하십시오.

1) 가 : 이 집 비빔밥 양이 많으니까 하나 시켜서 둘이 먹을까요?
   나 : 양이 많긴 하지만 _____ 적지 않을까요?

2) 가 : 오늘 밤부터 추워진다니까 코트를 입을까?
   나 : 아직 10월인데 _____.

3) 가 : 버스 정류장으로 두 정류장인데 걸어서 가죠, 뭐.

　　나 : _____.

4) 가 : 4급 학생한테 이 소설책을 읽히려고 하는데 어떨까요?

　　나 : _____.

5) 가 : (오후 5시) 저녁 먹으러 같이 갈래요?

　　나 : _____.

6) 가 : 친구하고 둘이 살려고 하는데 원룸과 아파트 중에서 뭐가 나을까요?

　　나 : _____.

-에 한해서

4 대화를 완성하십시오.

1) 가 : 그 공연은 할인된다고 하던데. (학생)

　　나 : _____.

2) 가 : 이 무료 쿠폰은 주말에도 쓸 수 있는 거예요? (평일)

　　나 : 아니요, _____.

3) 가 : 아파트 분양 신청은 누구든지 할 수 있나요? (무주택자)

　　나 : 아니요, _____.

4) 가 : 그 나라의 국적을 취득하고 싶은데요. (5년 이상 거주한 사람)

　　나 : _____.

5) 가 : 명절날 고궁에 무료로 입장할 수 있다면서요? (한복 입은 사람)

　　나 : _____.

제13과

-더라
-지
-(으)ㄴ 듯하다

어휘와 독해

1 다음 안내문을 읽고 질문에 대답하십시오.

> 미미 아파트 주민들께 알려 드립니다. 최근 들어 공동 주택의 예절에 대해서 몇 가지 민원이 제기되어서 다시 한 번 ㉠<u>부탁</u> 말씀 드립니다.
>
> 첫째, 베란다나 계단 등 공용 장소에서 흡연하는 입주자로 인하여 타 세대 안으로 담배 연기나 냄새가 들어가는 일이 발생하고 있습니다. 흡연하는 입주민의 각별한 주의를 부탁드립니다.
>
> 둘째, 애완동물들의 소리 및 냄새로 인한 피해가 발생하고 있습니다. 장시간 출타 시 애완동물들이 심하게 짖는 경우가 있으니 방치하지 마시기 바랍니다. 또한 애완견을 동반하여 외출 시에는 비닐봉지, 휴지 등을 지참하여 배설물을 위생적으로 처리해 주십시오.
>
> 셋째, 베란다나 창문 밖으로 물건(담배꽁초 등)을 던지는 행위를 ㉡_____ 주십시오. 아무 생각 없이 던지면 화재 발생 및 사고의 원인이 될 뿐만 아니라 단지 미관도 해치게 되니까 베란다 밖으로 물건을 던지지 마시기 바랍니다.

1) 흡연자는 이웃에게 어떤 피해를 줄 수 있습니까?

_____

2) 애완동물과 외출할 때 주의할 점은 무엇입니까?

_____

3) 위에서 나오지 <u>않은</u> 문제는 무엇입니까? ☐

　① 쓰레기 투기　　② 분리수거 문제　　③ 애완동물의 소음　　④ 흡연

4) ㉠ '부탁' 대신에 같은 의미로 사용할 수 있는 말은 무엇입니까? ☐

　　① 당부　　　　② 요구　　　　③ 신청　　　　④ 요청

5) ㉡에 들어갈 말로 '조심하여 하지 않음'을 의미하는 말은 무엇입니까? ☐

　　① 거절해　　　② 금지해　　　③ 중지해　　　④ 삼가

6) 여러분도 한국에서 공동 주택에서 살아본 적이 있습니까? 살면서 이웃 간에 문제가 생긴 적이 있으면 써 보십시오.

　　_____
　　_____
　　_____
　　_____

-더라

2 대화를 완성하십시오.

1) 가 : 어제는 그 놀이 공원에 갔다 왔는데 _____.
　　나 : 재미없었다고? 난 재미있던데…….

2) 가 : 요가 배워 보니까 어때? 잘 돼?
　　나 : _____.

3) 가 : 외국에서 생활해 보니까 생각했던 것과 많이 달라요?
　　나 : _____.

4) 가 : 그 뮤지컬 요즘 인기라고 하던데 표는 예매해 놓았어요?
　　나 : 아니요, 전화하니까 벌써 _____.

5) 가 : _____?

　　나 : 아까 그 사람? 저 건너편 가게 주인이잖아.

6) 가 : 어젯밤에 몇 시에 집에 들어왔는지 기억해요?

　　나 : _____? 생각 안 나는데.

-지

3 대화를 완성하십시오.

1) 가 : 아이가 키가 커서 어른스러워 보여요.

　　나 : _____ 아직 어린데요, 뭘.

2) 가 : 포장이 화려한 걸 보니 안에 좋은 게 들었겠군요.

　　나 : _____.

3) 가 : 노래 가사를 많이 아니까 부르기도 잘 부르겠네요.

　　나 : _____.

4) 가 : 한국말을 집에서도 쓰시죠?

　　나 : _____.

5) 가 : 휴게실에서 담배 피우면 안 돼요?

　　나 : 휴게실은 _____ 담배 피우는 데가 아니에요.

6) 가 : 숙제요? 학교에 가서 하면 돼요.

　　나 : 숙제는 _____.

-(으)ㄴ 듯하다

4 대화를 완성하십시오.

1) 가 : 요즘 다이어트 열심히 하고 있는데 어때 보여요? (살이 좀 빠졌다)
   나 : 그래서 그런지 _____.

2) 가 : 자꾸 미루지 말고 빨리 결정을 하시지요. (생각해 봐야 하겠다)
   나 : 아니에요. 며칠 더 _____.

3) 가 : 공연 시간은 얼마나 되나요? (두 시간쯤 되겠다)
   나 : _____.

4) 가 : 이번 화재의 원인이 뭐라고 생각하십니까?
   나 : _____.

5) 가 : 비가 안 와요?
   나 : _____ 안 오네요.

6) 가 : 저 사람이 누군지 기억나요?
   나 : 어디선가 _____ 생각이 안 나네요.

제14과

-(으)려면 멀었다
-(으)면서도
-(으)ㄴ걸요

어휘와 독해

1 다음 글을 읽고 질문에 대답하십시오.

> 한국 농촌으로 시집온 베트남 며느리가 6년째 어버이날에 맞추어 마을 어른을 초청, 잔치를 베풀고 있다.
>
> 강원도 양양군 강현면 강선리에 살고 있는 주인공, 레디하 씨는 1997년 산업연수생으로 한국에 와서 생선 가공 공장에서 일을 했는데 아는 사람의 소개로 남편 황만복 씨를 만나 1998년 결혼했다.
>
> 강선리 마을로 시집 왔을 때 언어와 한국풍습을 몰라 어려움이 많았다는 레디하 씨는 "시어머니를 비롯해 마을 노인들이 정성스럽게 자신을 가르쳐 줬다"며 "행복한 가정을 꾸릴 수 있었던 것도 모두 마을 어른들 덕분으로 이들에 대한 고마움을 조금이라도 ㉠_____ 위해 자리를 마련하게 됐다"고 했다.
>
> 함께 자리한 마을 주민들은 "한국 아줌마보다 더 억척스럽다"며 "식당일을 하면서 번 돈으로 시댁은 물론 베트남 친정까지 ㉡_____ 있다"고 했다.

1) ㉠에 들어갈 말로 적당한 것은 무엇입니까? ☐

① 갚기　　　② 지기　　　③ 넘기　　　④ 치기

2) ㉡에 들어갈 수 없는 말은 무엇입니까? ☐

① 보살피고　　② 돌보고　　③ 망치고　　④ 돕고

3) 윗글의 내용과 다른 것을 고르십시오. ☐

① 베트남 며느리가 마을 노인을 위해 해마다 잔치를 열고 있다.
② 베트남 며느리는 처음에는 한국말과 한국 문화를 몰라서 고생했다.
③ 이 며느리는 시댁과 친정을 돕고 있다.
④ 이 베트남 며느리는 결혼을 하기 위해서 한국에 왔다.

-(으)려면 멀었다

2 질문에 대답하십시오.

1) 가 : 일 언제 끝나요?
   나 : _____.

2) 가 : 영선 씨는 어머니 솜씨 못지않은 것 같네요.
   나 : _____.

3) 가 : 배고픈데 얼마나 기다려야 돼요? 빨리 밥 주세요.
   나 : _____.

4) 가 : 이 선배가 군대에 간 지 얼마나 됐죠? 보고 싶다.
   나 : _____.

5) 가 : 여보, 우리 적금 타면 그 돈으로 뭐부터 할까?
   나 : _____.

6) 가 : 지금 이 씨앗을 심으면 언제쯤 꽃이 펴요?
   나 : _____.

-(으)면서도

3 대화를 완성하십시오.

1) 가 : 민경이 말이야, 시간이 정말 없는 걸까?
   나 : _____ 없다고 하는 게 아닐까요?

2) 가 : 아니에요. 전 힘들지 않아요.
   나 : _____ 안 힘들다고 하는 거지요?

3) 가 : 저는 술 잘 못 마시는데요.
   나 : _____.

4) 가 : _____?
   나 : 자기가 아니까 안다고 했겠죠.

5) 가 : 저는 그 사람이 저를 정말 싫어하는 줄 알았어요.
   나 : _____ 겉으로 표현을 안 해서 그래요.

6) 가 : 오리털 이불은 굉장히 가볍네요.
   나 : _____ 따뜻해요.

7) 가 : 다이어트를 해야 하는데 어떤 음식이 좋을까요?
   나 : 두부처럼 _____ 칼로리가 안 높은 걸 드세요.

-(으)ㄴ걸요

4 보기와 같이 대답하십시오.

> 보기
> 가 : 혼자 사니까 자유롭고 좋지요?
> 나 : 전 선배님이 부러운걸요. 가족도 있고…….

1) 가 : 운전하신 지 오래되셨어요? 잘하시네요.
   나 : _____.

2) 가 : 오래된 옷을 고쳐서 만들었는데 이상하지 않아요?
   나 : _____.

3) 가 : 여러 가지로 도와주셔서 감사합니다. 신세 많이 졌습니다.
   나 : _____.

4) 가 : 요리사니까 가족들한테 매일 맛있는 걸 해 주겠네요.
   나 : _____.

5) 가 : 틀린 게 많이 있을 텐데…….
   나 : _____.

6) 가 : 벌써 다 하셨어요? 빨리 하셨네요.
   나 : _____.

제15과
- -처럼
- -다니
- -에 달려 있다

어휘와 표현

1 알맞은 단어를 골라 쓰십시오.

| 청혼 | 연애결혼 | 중매결혼 | 신랑감 | 신붓감 | 연상연하 | 신혼 |

1) 교제로 출발하여 이루어진 결혼 ➡ _____

2) 앞으로 신부가 될 사람 ➡ _____

3) 결혼한 지 얼마 되지 않음 ➡ _____

4) 이성의 상대에게 결혼하기를 청하는 것 ➡ _____

5) 소개인의 소개를 통해 만나 이루어진 결혼 ➡ _____

6) 사귀거나 결혼하는 남녀 중에서 여자의 나이가 많고 남자가 어림
➡ _____

7) 앞으로 신랑이 될 사람 ➡ _____

2 알맞은 단어를 골라 쓰십시오.

| 아직껏 | 실컷 | 마음껏 | 정성껏 | 힘껏 |

1) 오후 3시가 지났는데 ( ) 점심을 안 드셨어요?

2) 하고 싶은 대로 네 ( ) 해 봐.

3) 저는 살이 잘 찌는 체질이라 살이 찔지도 모르니까 음식을 ( ) 먹지 못해요.

4) 이 상자를 벽 쪽으로 붙여 놓아야겠어요. 같이 ( ) 밀어 봅시다.

5) 간호사님들이 ( ) 간호를 해 주셔서 병원에 있는 동안 정말 편안하고 좋았어요.

-처럼

3 대화를 완성하십시오.

1) 가 : 영철씨가 노래를 잘 부른다면서요?
   나 : 네, _____.

2) 가 : 한국말 공부를 언제까지 하실 건가요?
   나 : _____.

3) 가 : 회사 그만두고 다른 거 해 볼까 생각 중이야.
   나 : 요즘처럼 _____ 다시 한번 생각해 봐.

4) 가 : 지난 월드컵 때 정말 대단했었지요?
   나 : 맞아요. 그때처럼 _____.

5) 가 : 요즘은 과일 중에서 바나나가 제일 싼 것 같아요.
   나 : 하지만 옛날에는 _____.

6) 가 : 명진 씨가 성공하기까지 어머님께서 고생을 많이 하셨다고요.
   나 : 네, _____.

7) 가 : 직장인들의 음주 문화가 여러 가지 문제를 만들기도 해요.
   나 : 그렇기는 하지만 또 _____.

-다니

4 다음 단어 중에서 알맞은 것을 골라 보기와 같이 대답하십시오.

| 말도 안 돼요 | 너무해요 | 믿을 수 없어요 | 화가 나네요 |
| 섭섭하네요 | 부럽네요 | 다행이군요 | 잘됐네요 |

보기
가 : 공연 예약을 했는데 못 들어갔어요.
나 : 예약을 했는데 못 들어갔다니 말도 안 돼요.

1) 가 : 환자의 상태가 좋아지고 있어요.
　 나 : _____.

2) 가 : 한 번에 두 회사에서 합격통지서가 왔어요.
　 나 : _____.

3) 가 : 우리가 믿었던 그 사람의 말이 거짓말이었어요.
　 나 : _____.

4) 가 : 아리 씨가 다음 주에 고향에 돌아간대요.
　 나 : 그동안 정이 많이 들었는데 _____.

5) 가 : 수고했는데 미안하지만 다시 해 가지고 오세요.
　 나 : _____.

6) 가 : 지난번에 저한테 주신 거요, 제 마음에 꼭 들어요.
　 나 : _____.

7) 가 : 그분한테 대학교에 다니는 딸이 있대요.
　 나 : _____.

8) 가 : 너무 오래간만이어서 몰라봤어요. 정말 죄송해요.
　 나 : _____.

9) 라디오 진행자 : 저희 퀴즈쇼에 참가해 주셔서 감사합니다. 박영자 씨가 1등으로 당첨 되셨기 때문에 하와이 5박 6일 항공권과 숙박 티켓을 보내 드립니다.

　　박영자 : _____.

-에 달려 있다

5 대화를 완성하십시오.

1) 가 : 저 선수가 마라톤을 끝까지 할 수 있을까요? (선수의 의지력)
　　나 : 그건 _____.

2) 가 : 우리 팀이 결승에 오를 수 있다고 생각하십니까? (오늘 시합)
　　나 : 그건 _____.

3) 가 : 신제품 판매를 늘리기 위한 좋은 방법이 없을까요? (광고하다)
　　나 : _____.

4) 가 : 요즘 계속 안 좋은 일만 생기고 사는 게 너무 힘들어요. (마음먹다)
　　나 : 모든 일이 다 _____.

5) 가 : 1년 정도 한국말을 공부하면 생활하는 데 어려움이 없을까? (너 자신이 하다)
　　나 : _____.

복습 제11과 ~ 제15과

1 알맞은 부사를 골라 쓰십시오.

> 제대로   마치   겨우   점점   워낙   한꺼번에   반드시

1) 취직해서 처음엔 힘들었지만 시간이 지나면서 (　　　　) 적응이 됐어요.

2) 외출하고 돌아와서는 (　　　　) 손을 씻도록 하십시오.

3) 최동원 선수도 작은 키는 아닌데 다른 선수들이 (　　　　) 키가 크니까 작아 보이네요.

4) 20년 만에 만난 어릴 때 친구들이었지만 (　　　　) 어제 만났던 사람들 같았다.

5) 가 : 아까 점심 먹지 않았어요?
   나 : 도중에 전화가 와서 (　　　　) 못 먹었어요.

6) 가 : 막차로 가야 해요? 시간이 늦어서 안 좋은데.
   나 : 좋은 시간에 표가 없어서 그것도 (　　　　) 예약했어요.

7) 가 : 보너스가 생각보다 많이 나왔네요.
   나 : 작년에 못 받은 거하고 (　　　　) 나와서 그래요.

2 밑줄 친 부분을 맞게 고치십시오.

1) 이제 시작인데 마치려면 아직도 <u>멀어요</u>.　　➡ ＿＿＿＿＿

2) 이용 요금은 평일 <u>오전으로</u> 한해서 10% 할인이 됩니다.　　➡ ＿＿＿＿＿

3) 우리 식당은 저희 할아버지 때부터 해 <u>가던</u> 식당입니다.　　➡ ＿＿＿＿＿

4) 어제 콘서트에 갔었는데 정말 <u>멋있었더라</u>. 그래서 사람들이 사진을 많이 <u>찍었더라</u>.　　➡ ＿＿＿＿＿

5) 오늘은 <u>산책하기로</u> 정말 좋은 날씨예요.　　➡ ＿＿＿＿＿

6) 행복과 불행은 <u>생각하기가</u> 달려 있어요.　　➡ ＿＿＿＿＿

3 비슷한 말끼리 연결하십시오.

1) 연장하다 •   • ① 지내다, 살다

2) 워낙 •   • ② 결심하다, 정하다

3) 머물다 •   • ③ 다투다, 전쟁하다

4) 싸우다 •   • ④ 연기하다, 미루다

5) 키우다 •   • ⑤ 원래, 매우, 아주, 특히

6) 마음먹다 •   • ⑥ 기르다, 교육하다

4 다음 유형을 이용하여 대화를 완성하십시오.

> -(으)려면 멀었다   -다니   -(으)ㄴ걸요   -지
> -에 한해서   -(으)ㄴ 듯한   -기에는   -(으)면서도

1) 가 : 엄마, 난 빨리 고등학교랑 대학교 졸업하고 돈 벌고 싶어요.
   나 : _____.

2) 가 : 승진하셨다고요? 얼마나 좋으세요?
   나 : _____ 한편으로는 걱정이 됩니다.

3) 가 : 일주일 전에 주문했는데 아직 못 받았거든요.
   나 : _____ 정말 죄송합니다.

4) 가 : 팥빙수 한 개 시켜서 셋이 같이 먹을까?
   나 : _____ 좀 모자랄 것 같은데.

5) 가 : 이태원에는 특별한 분위기가 있는 것 같아요.
   나 : 맞아요. 마치 _____ 느낌이에요.

6) 가 : 이 옷 거의 새 옷이나 다름없는데 저한테 주셔도 돼요?
   나 : 우리 아이한테는 이 옷이 작아서 _____.

7) 가 : 어떤 사람이 지하철을 무료로 이용할 수 있나요?
   나 : 65세 이상 노인 _____.

8) 가 : 민호 씨하고 친해요? 어떤 사람이에요?
   나 : 저도 잘 몰라요. _____.

작문

5. 최근 들어 가족의 형태가 많이 변하고 있습니다. 어떻게 변하고 있고 그 문제점은 무엇인지 다음의 내용을 넣어서 300자 내외로 써 보십시오.

* 1인, 2인 가족의 증가
* 가족 수가 줄어서 생기는 변화와 문제점

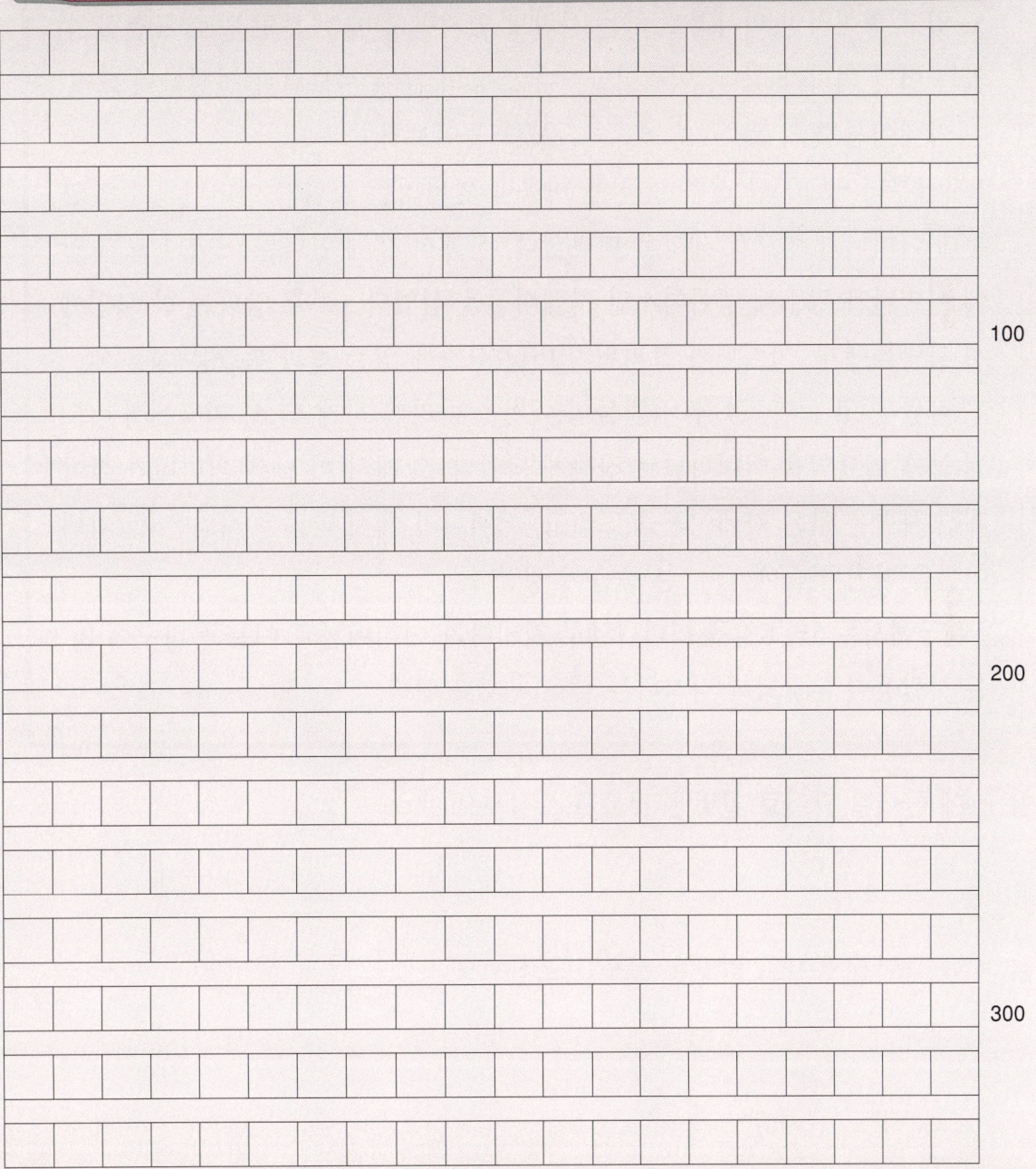

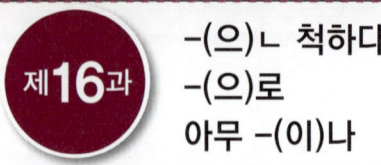

제16과 -(으)ㄴ 척하다
       -(으)로
       아무 -(이)나

어휘와 독해

1 다음 글을 읽고 질문에 대답하십시오.

> 언제부터인가 축하할 일이 있는 날이나 기념이 되는 날에 사람들은 꽃을 보내서 자신의 마음을 전하곤 한다. 받은 꽃을 치우기가 귀찮다고 하는 사람도 있고 형식적인 인사라고 하는 사람도 있지만 꽃에는 분명 말로 표현할 수 없는 어떤 의미가 있다. 어버이날이나 스승의 날에 부모님과 선생님께 드리는 카네이션 꽃의 ㉠_____을/를 들어보자.
>
> 지금부터 약 100년 전쯤 미국 한 마을에 안나라는 소녀가 어머니와 살았었는데 어머니가 병으로 세상을 떠나셨다. 장례식 후에 안나는 어머니 묘지 앞에 어머니가 평소에 좋아하시던 카네이션을 심었다. 그 후 안나는 한 모임에서 사람들에게 "어머니가 그리워 어머니 산소에 있는 꽃과 똑같은 꽃을 ㉡__고 나왔다"고 했다. 그 후 사람들이 이것을 따라서 하게 되고, 미국에서는 5월 둘째 일요일을 어머니날로 정하게 되었다. 그래서 이 날은 어머니가 살아 계신 사람은 붉은 카네이션을 드리고, 어머니가 계시지 않은 사람은 흰 카네이션을 자기 가슴에 ㉡__는 풍습이 생겼다.
>
> 한국에서는 5월 8일을 어머니날로 지키다가 어버이날로 이름을 바꾸어 많은 사람들이 부모님께 감사하는 날로 지키고 있다.

1) ㉠에 들어갈 단어로 알맞은 것을 고르십시오. ☐

   ① 발전   ② 원래   ③ 기본   ④ 유래

2) ㉡에 들어갈 동사로 알맞은 것을 고르십시오. ☐

   ① 대다   ② 달다   ③ 걸다   ④ 끼다

3) 윗글의 내용과 <u>다른</u> 것을 고르십시오. ☐

① 꽃을 보내는 것에는 어떤 의미가 있다고 할 수 있다.
② 받은 꽃 때문에 귀찮아하는 사람도 있다.
③ 현재 한국의 어머니날은 5월 8일이다.
④ 부모님께 카네이션을 드리는 풍습은 미국에서 시작되었다.

4) '흰 카네이션'과 '붉은 카네이션'을 각각 어떻게 사용합니까?

_____
_____

2 연관되는 것끼리 연결하십시오.

1) 어버이날 ·	· ① 10월 9일	· ㉠ 오곡밥과 부럼
2) 스승의 날 ·	· ② 음력 1월 15일	· ㉡ 빨간 카네이션
3) 한글날 ·	· ③ 5월 15일	· ㉢ 나무를 심는 날
4) 대보름 ·	· ④ 4월 5일	· ㉣ 선생님
5) 식목일 ·	· ⑤ 5월 8일	· ㉤ 가나다라, 세종대왕

-(으)ㄴ 척하다

3 문장과 대화를 완성하십시오.

1) 옛날에 사귀었던 여자 친구가 지나가는데 _____.

2) 한국말 설명을 잘 못 알아들었지만 그냥 _____.

3) 어제 친구가 해 준 음식이 별로 맛없었지만 _____.

4) 가 : 아까 진짜로 화가 났던 거예요?
   나 : 아니요, _____.

5) 가 : 부인이 듣기 싫은 소리를 계속할 때 어떻게 하세요?
   나 : _____.

6) 가 : 미팅에서 파트너가 마음에 안 들면 어떻게 하세요?
   나 : _____.

-(으)로

4 보기와 같이 다음 단어를 이용하여 문장을 만드십시오.

| 국제 유가 인상 | 폭설 | 지진 | 해일 | 비행기 사고 |
| 해외 출장 | 엔진 고장 | 지하철 파업 | 알레르기 |

보기
국제 유가 인상으로 국내 물가도 많이 오를 것으로 예상된다.

1) _____.

2) _____.

3) _____.

4) _____.

5) _____.

6) _____.

아무 –(이)나

5 대화를 완성하십시오.

1) 가 : 내일 몇 시쯤 너희 집으로 갈까? (때)
   나 : _____.

2) 가 : 친구 결혼식 가는데 왜 그렇게 신경을 써요? (옷)
   나 : 그래도 결혼식인데 _____.

3) 가 : 엄마, 이 카메라 왜 안 돼요? 이 동그란 거 누르는 거 맞죠? (거)
   나 : _____.

4) 가 : 배탈이 났는데 뭘 먹어야 하나요? (음식)
   나 : _____ 죽 같은 걸 드세요.

5) 가 : 요즘 노래는 가사를 끝까지 아는 게 없는데 무슨 노래를 부를까? (노래)
   나 : _____.

6) 가 : 물건을 어디에다 두었는지 생각이 안 나. (데)
   나 : 자기 물건을 _____.

7) 가 : 나보다 나이가 어린 사람한테는 반말을 쓰는 거예요? (-한테)
   나 : 아니요, _____.

제17과
- 같으면
- -(으)ㄴ지 모르겠다
- -(으)나

어휘와 표현

1 알맞은 단어를 골라 쓰십시오.

| 문상   상주   위로   장례식장   절   조문객   조의금 |

회사 동료의 아버지가 돌아가셔서 1)_____ 에 다녀왔다.
2)_____ 을/를 가려고 검정색 옷을 입고 3)_____ 을/를 준비했다. 그곳에는 4)_____ 들이 많이 와 있었다. 돌아가신 분의 사진 앞에서 5)_____ 을/를 하고 나서 6)_____ 와/과 인사를 했다. 7)_____ 의 말을 하고 싶었지만 무슨 말을 해야 할지 몰라서 가만히 손만 잡아 주었다.

2 그림을 보고 알맞은 단어를 골라 쓰십시오.

| 끄덕이다   돌리다   들다   숙이다   흔들다 |

1) 고개를 _____

2) 고개를 _____

3) 고개를 _____

4)
고개를 _____

5)
고개를 _____

- 같으면

3 대화를 완성하십시오.

1) 가 : 우리 아버지는 성적이 떨어져도 야단 안 치셔.
   나 : 좋겠다. 우리 아버지 _____.

2) 가 : 오늘은 손님이 많았나 봐요. 벌써 다 팔렸네요.
   나 : 보통 때 _____.

3) 가 : 나보고 싫다는 사람을 어떻게 잡니?
   나 : 나 _____.

4) 가 : 중요한 일인가 봐요. 비서 안 시키고 직접 하시는 걸 보니까.
   나 : 다른 일 _____.

5) 가 : 김장 때 배추 다섯 포기밖에 안 했는데 아직도 남아 있어요.
   나 : 식구 많은 집 _____.

6) 가 : 요즘에는 육류를 지나치게 먹어서 건강이 안 좋은 사람이 많대요.
   나 : 옛날 _____.

-(으)ㄴ지 모르겠다

4 문장과 대화를 완성하십시오.

1) 제 동생이 뉴질랜드에서 혼자 살고 있는데 _____.

2) 다음 주부터 가게를 시작하는데 _____.

3) 이 선배가 어제 수술 받는다고 들었는데 _____.

4) 조카한테 주려고 신발을 샀는데 _____.

5) 가 : 저한테 주시는 거예요? 감사합니다.
   나 : _____.

6) 가 : 이 음식들을 지영씨가 만들었다고요?
   나 : 네, _____.

7) 가 : 석현이가 다쳤다고 병원에서 연락이 왔다면서요?
   나 : 네, _____.

-(으)나

5 대화를 완성하십시오.

1) 가 : 이번 실험이 성공하기까지 많은 어려움이 있었다고 들었습니다.
   나 : _____ 끝까지 포기하지 않았습니다.

2) 가 : 환자의 상태는 현재 어떻습니까? 위험한 고비는 넘겼습니까?
   나 : _____ 아직 안심할 수 없습니다.

3) 가 : 인스턴트 식품이 정말 편리하기는 하죠?
   나 : _____.

4) 가 : 경기에서는 졌지만 우리 선수들 최선을 다하지 않았습니까?
   나 : 그렇습니다. _____.

5) 가 : 제 한국어 실력에 대해 평가를 부탁드립니다.
   나 : _____.

6) 가 : 이 영화에 대해 어떻게 생각하십니까?
   나 : _____.

제18과
- -(으)ㄹ수록
- -다-
- -는 법이다

어휘와 표현

1 그림을 보고 다음 단어를 이용하여 설날 풍습에 대해 써 보십시오.

| 떡국 성묘 세배 세뱃돈 윷놀이 차례 |

2 여러분 나라의 설날 풍습은 어떻습니까? 써 보십시오.

_____

_____

_____

-(으)ㄹ수록

3 문장과 대화를 완성하십시오.

1) 골동품은 _____ 값이 비쌉니다.

2) 홍나영 씨는 개성이 있게 생겼어요. _____ 그래요.

3) 한국말은 정말 어려워요. _____ 어려운 것 같아요.

4) 이 차는 뭔가 깊은 맛이 있어요. _____.

5) 가 : 사회가 발전하면 모든 문제가 없어질까요?
   나 : _____.

6) 가 : 아이들이 컸으니까 부모님 말을 잘 듣겠네요.
   나 : _____.

- 다 -

4 문장과 대화를 완성하십시오.

1) 가 : 제가 힘들 때마다 도와주시고 관심 가져 주셔서 감사합니다.
   나 : 감사하기는요. 별말씀을 _____.

2) 가 : 제가 요리에 관심이 있어서 된장, 고추장도 담가 먹어요.
   나 : 정말요? _____?

3) 가 : 이거 별 거 아닌데요. 한번 드셔 보세요.
   나 : 어머! 뭐 이런 걸 _____? 그냥 오셔도 되는 데…….

4) 가 : 엄마 안 계신 동안 제가 청소했어요.
   나 : 웬일이야? 네가 _____?

5) 가 : 오늘 생일이시지요? 축하드려요.
   나 : 제 생일을 _____? 감사합니다.

-는 법이다

5 문장과 대화를 완성하십시오.

1) 가을이 지나면 _____.

2) 부지런한 사람이 _____.

3) 윗사람이 잘하면 _____.

4) 상대방에게 친절하게 대하면 _____.

5) 노력한 만큼 _____.

6) 가 : 첫사랑을 잊을 수 있을까요?
   나 : _____.

7) 가 : 어렸을 때는 말을 안 듣던 영균이가 철이 들었나 봐요.
   나 : _____.

8) 가 : 힘든 일이 정말 많았었는데 이제는 행복하게 살아요.
   나 : _____.

제19과
-다가 보면
-아/어 버리다
-다가

어휘와 표현

1 알맞은 단어를 골라 쓰십시오.

> 받다   쌓이다   풀다   풀리다

1) 대부분의 직장인들은 업무와 대인관계로 스트레스를 _____게 됩니다.

2) 스트레스가 _____(으)면 건강이 나빠질 수도 있으니까, 종종 스트레스를 _____아/어 줘야 합니다.

3) 스트레스를 _____는 방법은 사람마다 다를 수 있는데, 보통 여행이나 쇼핑 등 각자 좋아하는 것을 하거나 휴식을 취하면 스트레스가 _____(느)ㄴ다고 합니다.

2 알맞은 단어를 골라 쓰십시오.

> 들다   없다   잃다   차리다   팔리다

1) 아들의 사고 소식에 정신을 _____았/었던 어머니가 잠시 후 정신이 _____자마자 울기 시작했습니다.

2) 아이가 게임에 정신이 _____아/어서 불러도 대답을 안 합니다.

3) 요즘 왜 이렇게 정신이 _____는지 모르겠어요. 오늘은 중요한 서류를 집에 두고 와서 다시 집에 갔다 왔어요.

4) 계산이 틀리면 안 되니까 정신 똑바로 _____고 해야 해요.

3 공통적으로 들어갈 단어를 고르십시오.

1) ☐

> 면접을 보러 갈 때는 옷차림에도 신경을 _____아/어야 해요.
> 정찰제 가게에서 물건을 사면 바가지를 _____는 일은 없습니다.
> 좋은 약은 입에는 _____지만 몸에는 좋은 법입니다.

① 달다　　② 쓰다　　③ 맞다　　④ 짜다

2) ☐

> 영철 씨는 회사를 그만두고 작은 식당을 _____았/었습니다.
> 한국에서는 명절 때 보통 집에서 음식을 _____(스)ㅂ니다.
> 갑자기 주문이 많이 들어오니까 정신을 _____(으)ㄹ 수가 없네요.

① 따르다　　② 들이다　　③ 차리다　　④ 세우다

-다가 보면

4 질문에 대답하십시오.

1) 가 : 이 책은 너무 어렵네. 내 수준에 맞지 않게 너무 어려운 걸 골랐나?
   나 : _____.

2) 가 : 요리는 정말 어렵네요. 아무리 해도 솜씨가 좋아지지 않으니 어떡하죠?
   나 : _____.

3) 가 : 바빠서 약속을 깜빡 잊었어요. 많이 화나셨죠?
   나 : _____.

4) 가 : 면접관이 질문할 때 너무 당황해서 아는 것도 제대로 대답을 못했어요.

　　나 : _____.

5) 가 : 아이를 너무 심하게 야단친 것 같아요.

　　나 : _____.

6) 가 : 음식도 입에 안 맞고 날씨도 너무 춥고……. 외국 생활이 너무 힘들어요.

　　나 : _____.

-아/어 버리다

5 보기와 같이 다음의 동사를 이용하여 문장을 만드십시오.

| 치우다 | 주다 | 없애다 | 나가다 | 녹다 | 깨지다 |
| 고장 나다 | (불에) 타다 | 집어넣다 | 먹다 | 날아가다 | |

보기
방이 좁아서 방에 있던 큰 소파를 치워 버렸어요.

1) _____.

2) _____.

3) _____.

4) _____.

5) _____.

6) _____.

-다가

6 문장과 대화를 완성하십시오.

1) _____ 선생님한테 야단맞았어요.

2) _____ 병나면 어떻게 해요?

3) _____ 다치겠어요. 조심하세요.

4) 이불도 안 덮고 소파에서 자다가 _____.

5) 살 빼려고 그렇게 밥 안 먹다가 _____.

6) 머리 자르기만 하러 갔다가 _____.

7) 분위기 띄우려고 농담했다가 _____.

8) 가 : 그 사실을 어떻게 알게 됐어요?
   나 : _____.

9) 가 : 초등학교 동창을 어떻게 다시 만났어요?
   나 : _____.

10) 가 : 어쩌다가 교통 위반 딱지를 뗐어요?
    나 : _____.

- 끝에
- -자면
- -느냐에 따라

어휘와 독해

1 다음 글을 읽고 질문에 대답하십시오.

> 민경 씨는 다음 달에 2년 전에 시작한 적금이 끝나서 3천만 원이라는 목돈이 생긴다. 이 적금을 시작할 때부터 집을 살 때 빌린 대출금을 갚자고 얘기했었는데, 남편은 갑자기 그 돈으로 가족 유럽여행을 가자고 한다. 중학교 1학년인 아들과 초등학교 5학년인 딸에게 넓은 세상을 보여 주고 가족과 함께 하는 여행의 추억을 만들어 주고 싶다는 것이다. 이 돈으로 늘 부담이 되는 대출금을 일부라도 갚고 저금을 더 늘리려고 했던 민경 씨는 남편의 생각이 싫은 것은 아니지만 쉽게 대답을 할 수가 없어서 생각해 보자고 했다.

1) 여러분이 민경 씨라면 어떻게 하겠습니까? ☐

　① 3천만 원으로 유럽 여행을 간다.
　② 3천만 원으로 대출금을 갚고 유럽 여행은 다음에 가자고 한다.
　③ 비용이 적게 드는 가까운 데로 여행을 가고 나머지 돈으로 대출금을 갚는다.
　④ 기타 : _____

2) 그렇게 생각하는 이유를 써 보십시오.

_____
_____
_____
_____

- 끝에

2. 보기와 같이 다음 단어를 이용하여 문장과 대화를 완성하십시오.

| 시도하다 생각(하다) 고민(하다) 논란 |
| 3번의 수술 5시간의 협상 6개월간의 작업 오랜 연구 |

보기
여러 번 시도한 끝에 그 배우와 인터뷰를 할 수 있었다.

1) _____ 잃었던 건강을 되찾았다.

2) _____ 회사를 그만두기로 했다.

3) 이 작품은 _____ 완성된 것이다.

4) 가 : 한 번만 더 생각해 보시고 결정하시지 그래요?
   나 : _____.

5) 가 : 결국 그렇게 결정이 났군요. 결과가 궁금했었는데…….
   나 : _____.

6) 가 : 이번 실험 성공은 정말 대단한 일입니다.
   나 : _____.

-자면

3 대화를 완성하십시오.

1) 가 : 궁중 요리를 제대로 배우고 싶은데 몇 개월 코스가 있어요?
   나 : _____ 1년 정도 배우셔야 돼요.

2) 가 : 사정이 급해도 원칙대로 합시다.
   나 : _____ 쉽지 않을 거예요.

3) 가 : 난 꼭 훌륭한 작가가 될 거예요. 노력하면 되겠지요?
   나 : _____.

4) 가 : 명절 음식을 옛날 방법 그대로 하는 게 힘든가요?
   나 : _____.

5) 가 : 전 대충 하는 건 싫어요. 자세히 설명해 주세요.
   나 : _____.

6) 가 : 여기서 수원에 가야 하는데 어떻게 가면 빠를까요?
   나 : _____.

-느냐에 따라

4. 질문에 대답하십시오.

1) 가 : 오늘 회의가 몇 시에 끝날까요?
   나 : _____.

2) 가 : 비행기 요금은 항상 같은가요?
   나 : _____.

3) 가 : 같은 음식이라도 맛이 다 다르네.
   나 : _____.

4) 가 : 한국말에서 조사 '이'와 '가'는 어떻게 쓰이나요?
   나 : _____.

5) 가 : 같은 아파트인데 분위기가 달라서 마치 딴 집 같아요.
   나 : _____.

6) 가 : 이번 여름 휴가비는 어느 정도 들 거라고 예상하세요?
   나 : _____.

복습 제16과 ~ 제20과

1 알맞은 부사를 골라 쓰십시오.

> 드디어 아무래도 어쩐지 틈틈이 의외로 가만히 당분간 괜히

1) 저는 좋아하는 사람 앞에서는 (　　　　) 얼굴도 빨개지고 그래요.

2) 그동안 시험 때문에 너무 힘들었었는데 (　　　　) 내일부터 방학이다.

3) 가 : 같이 갈 수 있겠어요?
   나 : 오늘 약속을 취소하고 같이 갈까 했는데 (　　　　) 못 가겠어요.

4) 가 : 지난번 공장 문제는 잘 해결됐습니까?
   나 : 처음에는 좀 어려울 거라고 생각했는데 (　　　　) 쉽게 해결됐습니다.

5) 가 : 의사 선생님, 조금 움직이는 건 괜찮죠?
   나 : 아니요, 2~3일은 움직이지 말고 (　　　　) 누워 계셔야 돼요.

6) 가 : 수지가 요즘 남자 친구 생겼대.
   나 : (　　　　) 요즘 예뻐지고 기분도 좋아 보이더라.

7) 가 : 언제쯤 경기가 좋아질까요?
   나 : 글쎄요. (　　　　) 좋아지기는 어렵지 않겠어요?

8) 가 : 이번에 책을 출판하셨다면서요?
   나 : 네, 그동안 (　　　　) 써 놓았던 글들을 모아서 책을 내게 됐습니다.

2 밑줄 친 부분을 맞게 고치십시오.

1) 지난번에 제가 여기에서 과속하다가 경찰한테 <u>잡았어요</u>.　➡ _____

2) 여름인데 긴 머리가 더워 보여서 시원하게 <u>잘라서 버렸어요</u>.　➡ _____

3) <u>다른 사람 같다면</u> 그런 거 좋아할 텐데 너는 왜 안 좋아?　➡ _____

4) <u>고민 끝으로</u> 내린 결정이니까 후회하지 않을 거예요. ➡ _____

5) <u>한마디로 말하려면</u> 지금 상황에선 불가능하다는 말이에요. ➡ _____

6) 남동생이 군대에 갔는데 잘 <u>지내지 않는지</u> 모르겠어요. ➡ _____

7) <u>자살에</u> 죽는 사람들이 점점 늘어나고 있습니다. ➡ _____

8) 요가는 조금만 배우면 <u>아무도</u> 할 수 있는 운동입니다. ➡ _____

3 보기와 같이 다음 유형을 이용하여 같은 의미가 되도록 문장을 만드십시오.

| -(으)나 | -(으)ㄹ 수록 | -다가 보면 | -(으)ㄴ지 모르겠다 |
| - 끝에 | -자면 | -다가 | -(으)ㄴ 척하다 |

보기

큰 병이면 어떡하지? 잘 모르겠어요.
➡ 큰 병이 아닌지 모르겠어요.

1) 수업 시간에 만화책 봤어요. 선생님한테 혼난 적이 있어요.
   ➡ _____.

2) 상황을 자세히 설명하려고 합니다. 너무 기니까 간단히 말씀 드릴게요.
   ➡ _____.

3) 오랜 시간을 방황했어요. 이제 새로운 삶을 살게 되었다.
   ➡ _____.

4) 그 일을 생각합니다. 머리가 아파요.
   ➡ _____.

5) 가 : 교차로를 지나서 한강 쪽으로 가세요. 왼쪽에 강남병원이 보일 거예요.
   나 : _____.

6) 가 : 여러 번 그 소문은 사실이 아니라고 말했습니다. 사람들은 믿지 않았습니다.
   나 : _____.

7) 가 : 그 일에 대해서 알고 있었지만 말하기 싫어서 모르는 것처럼 행동했어요.
   나 : _____.

4 다음 말을 순서대로 연결하여 문장을 만드십시오.

1)
| 사람들이 그 사건에 대해 아냐고 물어봤다 / 알다 / 모르다 |

→ _____.

2)
| 대부분의 일들이 처음에는 힘들다 / 시간이 지나다 / 익숙해지다 |

→ _____.

3)
| 모든 일이 생각하기에 달려 있다. 예를 들다 / 빈 잔에 우유가 있을 때 어떻게 생각하다 / 기쁠 수도 있고 슬플 수도 있다 |

→ _____
_____.

작 문

5 우리는 날마다 쇼핑을 하면서 살아가고 있습니다. 기억에 남는 쇼핑 경험이 있으면 아래의 내용을 넣어서 300자 내외로 써 보십시오.

* 성공한 쇼핑
* 실패한 쇼핑
* 특별한 쇼핑 경험

제21과
- -지요
- -기로
- -(으)ㄹ 따름이다

어휘와 표현

1 알맞은 단어를 골라 쓰십시오.

> 나다   넣다   들다   따르다   아끼다

1) 이번에 받은 보너스는 쓰지 않고 은행에 _____아/어 두려고 해요.

2) 산에서 내려오다가 넘어져서 바지에 구멍이 _____고 무릎에 상처가 _____았/었다.

3) 다른 사람들이 웃어른께 술을 _____아/어 드릴 때 두 손으로 하는 걸 보고 나도 _____아/어 했다.

4) 내가 _____는 후배가 도움을 청해서 힘과 노력을 _____지 않고 도와주었다.

5) 단풍이 _____(으)ㄴ 산을 보고 싶어서 여행사의 주말여행 프로그램을 신청했는데 신청자들은 모두 여행자 보험에 _____아/어야 한다고 했다.

-지요

2 대화를 완성하십시오.

1) 가 : 부산이 커요? 안동이 커요?
   나 : _____.

2) 가 : 우리 아이는 가만히 있지 않고 왜 그렇게 장난치는지 모르겠어요.
   나 : 아이니까 _____.

3) 가 : 사이즈가 안 맞으면 교환이 되나요?
   나 : _____.

4) 가 : 이 일은 급한 일인데 내일까지 할 수 있어요?
   나 : _____.

5) 가 : 데이트할 때 싸우면 보통 누가 먼저 사과하나요?
   나 : _____.

6) 가 : _____?
   나 : 목요일인데요.

7) 가 : _____?
   나 : 한 달 후에 돌아오는데요. 왜 그러세요?

8) 가 : _____?
   나 : 극장 앞에서 만나기로 했잖아요?

-기로

3 질문에 대답하십시오.

1) 가 : 서울에서 젊은 사람들이 많이 모이는 데가 어디인가요?
   나 : _____.

2) 가 : 우리 교실에서 누구 목소리가 커요?
   나 : _____.

3) 가 : 나도 팔 힘이 세다고 생각했는데 석환이한테 팔씨름 졌어.
   나 : _____.

4) 가 : 자연환경이 가장 오염되지 않은 곳이 어디일까요?

    나 : _____.

5) 가 : 여러분 나라에서 어느 도시가 제일 커요?

    나 : _____.

6) 가 : 세계에서 인구가 가장 많은 나라가 어디예요?

    나 : _____.

-(으)ㄹ 따름이다

4 질문에 대답하십시오.

1) 가 : 전국 투어 공연이 끝났는데 다음 계획은 뭐예요? (얼마간 쉬고 싶다)

    나 : _____.

2) 가 : 모든 일정이 취소됐다는 연락 받으셨죠? 화나시겠어요. (당황스럽다)

    나 : _____.

3) 가 : 자식들을 다 훌륭하게 키우셨으니 참 좋으시겠어요. (감사하다)

    나 : _____.

4) 가 : 특별한 절약 방법이 있어요? 어떻게 그만큼 저축을 해요?
      (그저 낭비를 하지 않다)

    나 : _____.

5) 가 : 참 맛있네요. 어떻게 만드셨어요? (요리책에 있는 대로 만들었다)

    나 : _____.

6) 가 : 이번 일은 김 과장이 책임을 져야 합니다. (위에서 시키는 대로 했다)

    나(김 과장) : _____.

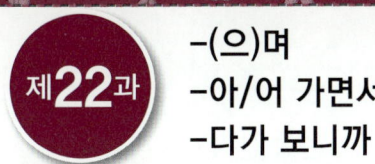

제22과
-(으)며
-아/어 가면서
-다가 보니까

어휘와 독해

1 다음 글을 읽고 질문에 대답하십시오.

㉮ 한국의 국내 유명 관광지에 걷기 위한 길들이 생기고 여행지에서 그 길을 따라 직접 걷는 이들이 많다. 이런 길은 제주도 올레길에서 시작되었다. 올레길은 골목길을 뜻하는 제주도 사투리로서 제주도 골목, 산길, 해안 길을 따라 가며 경치를 구경할 수 있게 만들었는데 이 길을 찾기 위한 관광객들이 제주도를 찾고 있다. 이후 지리산 둘레길, 북한산 둘레길 등 각지에서 그 지방 특색에 맞게 걷는 길들을 만들었는데 구름길, 갈대길, 매화길, 달맞이길 등 이름이 알려진 길만 100여 곳에 이른다.

㉯ 전에는 관광지에서 자동차로 유명한 곳을 돌며 구경하던 것이 일반적이었던 반면에 요즘은 직접 발로 그곳을 걸으며 대화와 사색도 하고 주위 풍경을 마음껏 즐기는 이들도 많아졌다. '빨리, 많이'를 추구하는 문화에 지친 현대인들이 천천히 자연과 일치하며 몸과 마음의 휴식을 취하는 즐거움을 추구하게 된 것이라고 볼 수 있다.

㉰ 관광지뿐만 아니라 도시의 곳곳에도 걷기 위한 길이 생기고 걷기가 생활운동이 되고 있다. 걷는 것이 건강에 좋다는 것은 누구나 다 아는 사실이다. 걷기는 큰 준비 없이도 편한 신발 하나만 있으면 연령과 체력에 관계없이 남녀노소 누구나 할 수 있는 가장 이상적인 운동이다.

㉱ 달리기와 비슷한 운동효과도 얻을 수 있어서 운동 부족으로 현대인들에게 흔히 생기는 여러 가지 병들을 예방하고 치료할 수 있고 다이어트에도 효과가 있다고 한다. 하지만 이런 효과를 보기 위해서는 알맞게 꾸준히 걷는 것이 좋으며 바른 자세로 걷는 것도 중요하다고 전문가들은 말한다.

1) 맞는 내용을 연결하십시오.

   ㉮ •　　　　　　　　　　　　• ① 걷기는 어떤 운동인가?

   ㉯ •　　　　　　　　　　　　• ② 걷기 위한 길을 사람들이 찾는 이유

   ㉰ •　　　　　　　　　　　　• ③ 관광지에 생긴 걷기 위한 길

   ㉱ •　　　　　　　　　　　　• ④ 걷기로 얻을 수 있는 운동 효과

2) 윗글의 내용과 맞지 않는 것은 무엇입니까? ☐

　① 각 지방 특색에 맞게 만든 길들이 많고 이름도 다양하다.

　② 걷기는 조금만 해도 효과를 볼 수 있는 이상적인 운동이다.

　③ 관광지뿐만 아니라 도시에서도 걷기 위한 길들을 만들고 있다.

　④ 천천히 길을 걷다 보면 자연과 일치되는 즐거움을 느낄 수 있다.

-(으)며

2 질문에 대답하십시오.

1) 가 : 형님과 동생은 무슨 일을 하고 계십니까?

　 나 : _____.

2) 가 : 이 세탁기는 신제품인가 봐요. 이전 제품하고 뭐가 다른가요?

　 나 : _____.

3) 가 : 이 책에 대해서 좀 소개해 주십시오.

　 나 : _____.

4) 가 : 오늘 와 주신 손님들께 인사 한 말씀 부탁드립니다.

　 나 : _____.

5) 가 : 이 호텔에서 숙박하는 경우 숙박비에 포함되는 것이 뭔가요?

　 나 : _____.

-아/어 가면서

3 대화를 완성하십시오.

1) 가 : 이 기사를 읽는 데 시간이 그렇게 많이 걸려요? (사전을 찾다)
   나 : _____.

2) 가 : 아무리 똑똑한 사람도 혼자서는 살 수 없는 법이에요. (서로 돕다)
   나 : _____.

3) 가 : 한국에서 하려고 하는 일은 어떻게 하기로 했어요? (상황을 보다)
   나 : _____.

4) 가 : 연설 내용을 도중에 좀 바꿔도 되겠죠? (청중의 반응을 보다)
   나 : _____.

5) 가 : 수업에서 계속 연습만 하면 학생들이 지루해해요.
   나 : _____.

6) 가 : _____.
   나 : 다 해 놓고 쉴게요.

-다가 보니까

4 질문에 대답하십시오.

1) 가 : 귀가 시간이 늦을 것 같으면 미리 전화라도 하지, 지금이 몇 시예요?
   나 : _____.

2) 가 : 네가 선택한 공부인데 이제 와서 왜 전공을 바꾸겠다는 거야?
   나 : _____.

3) 가 : 히토미 씨, 예전에는 매운 음식을 못 먹었잖아요? 이젠 저보다도 잘 먹네요.
   나 : _____.

4) 가 : 한국말 뉴스를 들으신다고요? 뉴스는 듣기가 어렵지 않아요?
   나 : _____.

5) 가 : 한국말만 배우는 줄 알았는데 한국 문화에 대해서도 모르는 게 없군요.
   나 : _____.

제23과
- 겸
-(으)ㄹ 만하다
-(으)ㄹ걸

어휘와 표현

1. 알맞은 단어를 골라 쓰십시오.

1)

온통 / 온갖 / 온

① 병을 고치려고 _____ 약을 다 써 보았지만 좋아지지 않았다.
② 지난밤에 내린 눈 때문에 세상이 _____ 하얀 색으로 바뀌었다.
③ 첫 아이를 낳았을 때는 _____ 세상을 얻은 것 같았다.

2)

상영 / 방영 / 촬영

① 요즘에는 보통 결혼식 전에 날을 잡아서 웨딩 사진을 _____합니다.
② 요즘 극장에서 _____하는 영화 중에서 뭐가 재미있어요?
③ 이 드라마는 월, 화 밤 10시에서 11시까지 _____되고 있다.

3)

아쉽다 / 아깝다 / 아끼다

① 이 양복은 내가 제일 _____(으)ㄴ/는 거라서 특별한 날에만 입는다.
② 지금은 잘 쓰지 않는데 버리기엔 좀 _____(으)ㄴ/는 물건들이 있다.
③ 더 많은 얘기도 하고 친해지고 싶었는데 헤어지게 돼서 _____았/었다.

4)

구하다 / 찾다 / 얻다

① 처음 가봤는데 약도가 잘 되어 있어서 집을 _____기가 어렵지 않았다.
② 불이 난 집에 있는 아이를 _____기 위해 소방대원이 그 안으로 들어갔다.
③ 이 일이 끝나면 며칠 휴가를 _____아/어서 쉬어야겠어요.

- 겸

2 질문에 대답하십시오.

1) 가 : 11시인데 지금 식사를 하신다고요? 아침 식사인가요?

   나 : _____.

2) 가 : 어제 명동에는 왜 가셨어요?

   나 : _____.

3) 가 : 영어 신문을 정기 구독하시는군요.

   나 : _____.

4) 가 : 여행을 즐기시는 편이세요?

   나 : _____.

5) 가 : 외국분이신데 한복을 사시려고요?

   나 : _____.

-(으)ㄹ 만하다

3 문장과 대화를 완성하십시오.

1) 야채 전문 뷔페식당에 갔었는데 별로 _____ 음식이 없었어요.

2) 그 책은 아이를 키우는 부모라면 한번 _____.

3) 서울에서 _____은/는 경복궁, 인사동, 서울타워 같은 곳이죠.

4) 가 : 요 앞 가게가 폐업 세일 한다고 해서 갔다 오는 길이에요.

   나 : _____?

   가 : 아니요, 별로 _____.

5) 가 : 20만 원이나 주고 발레 공연에 가셨다면서요? 어땠어요?

　　나 : _____.

6) 가 : _____?

　　나 : 글쎄요, 어떤 영화 좋아하시는데요?

-(으)ㄹ걸

4 보기와 같이 문장을 만드십시오.

> **보기**
> 제과점에서 사 온 케이크가 모자랄 때
> ➡ 좀 더 큰 케이크로 살 걸.

1) 친구와 싸운 후 시간이 지나서 관계가 나빠졌을 때

　➡ _____.

2) 무서운 영화를 본 후 며칠 동안 잠을 잘 잘 수 없을 때

　➡ _____.

3) 백화점 세일에 갔는데 사고 싶었던 물건이 다 팔렸을 때

　➡ _____.

4) 손님이 오셨는데 준비한 음식이 모자랄 때

　➡ _____.

5) 머리 모양을 바꿨는데 이전 머리보다 마음에 안 들 때

　➡ _____.

제24과

- -(이)며
- -(으)ㄹ 게 아니라
- -(으)려다가

어휘와 독해

1 밑줄 친 '한'과 같은 의미인 것을 고르십시오.

1)
거실 한가운데에 탁자가 놓여 있다.

2)
여기에서 대전까지 자동차로 가면 한 세 시간 걸릴 텐데.

3)
그 친구가 유학을 가면 한동안 못 볼 것 같아서 섭섭하다.

① 결혼식에 손님이 한 삼백 명쯤 왔습니다.
② 옛날 어느 마을에 한 아이가 살았습니다.
③ 한참 기다려도 친구가 오지 않아서 그냥 집으로 왔습니다.
④ 저는 한여름에도 뜨거운 커피가 좋아요.

2 다음 글을 읽고 질문에 대답하십시오.

현재의 인사동 지역은 조선 시대 그림에 관한 일을 담당했던 관청이 있었던 곳이다. 이름난 화가들과 그림 도구를 사려는 사람들이 모여들었고 자연스럽게 조선시대 미술 활동의 중심지가 되었다. 1930년대 이후 주변에 서적, 고미술 관련 상가가 생기기 시작하면서 골동품 거리로 자리 잡게 되었고, 1950년 한국 전쟁 이후에는 근처에 낙원시장이 형성되었다. 1970년대부터 화랑들이 하나 둘씩 모여들면서 미술 문화의 거리라는 성격이 강해졌고

> 1980년대 이후 골동품, 고미술, 화랑, 고가구점, 민속공예품 판매점들이 들어서면서 서울의 전통문화 예술 활동의 중심지가 되었다. 1988년에 '전통문화의 거리'로 지정되었고, 1997년 4월부터는 일요일마다 '차 없는 거리'로 지정되어 거리 축제가 ㉮_____.

1) 윗글의 내용과 맞는 것을 모두 고르십시오. _____

① 조선시대 이 지역은 미술과는 관련이 없었다.
② 요즘 일요일에 가면 거리축제를 구경할 수 있다.
③ 1970년대 이전에도 골동품 관련 상점들을 볼 수 있었다.
④ 조선 시대의 양반들이 살던 지역이기 때문에 예술의 거리가 되었다.

2) ㉮에 알맞은 말을 고르십시오. _____

① 열리고 있다   ② 하고 있다
③ 열려 있다   ④ 나와 있다

3) 윗글의 제목으로 가장 알맞은 것은 무엇입니까? _____

① 인사동의 역사   ② 인사동의 위치
③ 인사동의 미래   ④ 인사동의 상점과 축제

-(이)며

3 질문에 대답하십시오.

1) 가 : 인사동에서 서너 시간 돌아다닌 걸 보니 볼 게 많았나 봐요.
   나 : _____.

2) 가 : 아나운서 면접시험은 까다롭기로 소문이 났던데 주로 뭘 물어봐요?
   나 : _____.

3) 가 : 귀국하기 전에 정리할 게 많아요?

　　나 : ＿＿＿＿＿＿＿＿＿＿＿＿＿＿＿＿＿＿＿＿＿＿＿＿＿＿＿＿＿.

4) 가 : 그 식당 홈페이지에 뭐가 있어요?

　　나 : ＿＿＿＿＿＿＿＿＿＿＿＿＿＿＿＿＿＿＿＿＿＿＿＿＿＿＿＿＿.

5) 가 : 재석 씨는 정말 재주가 많죠?

　　나 : ＿＿＿＿＿＿＿＿＿＿＿＿＿＿＿＿＿＿＿＿＿＿＿＿＿＿＿＿＿.

-(으)ㄹ 게 아니라

4 보기와 같이 두 문장을 연결하십시오.

> **보기**
> 화분을 여기에 놓지 마세요. 창가에 두는 게 좋을 것 같은데.
> ➡ 화분을 여기에 놓을 게 아니라 창가에 두는 게 좋을 것 같은데.

1) 취미로만 하지 마세요. 직업으로 해 보는 게 어때요?

　➡ ＿＿＿＿＿＿＿＿＿＿＿＿＿＿＿＿＿＿＿＿＿＿＿＿＿＿＿＿＿.

2) 길에 서서 얘기만 하지 맙시다. 어디 가서 밥이라도 먹으면서 얘기합시다.

　➡ ＿＿＿＿＿＿＿＿＿＿＿＿＿＿＿＿＿＿＿＿＿＿＿＿＿＿＿＿＿.

3) 돈을 많이 벌려고만 하지 마세요. 돈을 아껴 쓰도록 해 보는 게 어때요?

　➡ ＿＿＿＿＿＿＿＿＿＿＿＿＿＿＿＿＿＿＿＿＿＿＿＿＿＿＿＿＿.

4) 무조건 하지 말라고 야단치지 마세요. 이유를 들어 보는 게 낫지 않아요?

　➡ ＿＿＿＿＿＿＿＿＿＿＿＿＿＿＿＿＿＿＿＿＿＿＿＿＿＿＿＿＿.

5) 아무거나 눌러 보지 맙시다. 사용설명서를 읽어 봐야겠어요.

　➡ ＿＿＿＿＿＿＿＿＿＿＿＿＿＿＿＿＿＿＿＿＿＿＿＿＿＿＿＿＿.

-(으)려다가

5 대화를 완성하십시오.

1) 가 : 어제 드라마 봤어요?
   나 : 아니요. _____ 피곤해서 자 버렸어요.

2) 가 : 집 팔았어요? 이사한다고 했잖아요?
   나 : _____.

3) 가 : 이번 비행기 사고의 원인이 뭡니까?
   나 : 폭우 속에서 _____.

4) 가 : 어머! 맛있겠다. 다 먹지 내 것을 다 남겨 놓았어?
   나 : _____.

5) 가 : 다음 달에 한국어 능력 시험 보세요?
   나 : 아니요, _____.

제25과
- 탓
- -(으)ㄹ까 봐서
- -(으)면 어떻게 해요?

어휘와 표현

1 관계있는 단어를 골라 쓰십시오.

> 쓰레기문제   대기오염   수질오염   자연에너지   지구온난화

1) 바다에서는 조력발전, 바람을 이용한 풍력발전으로도 전기를 얻을 수 있다.
   ➡ _____

2) 우리 모임 때 일회용 컵을 사용하지 않고 개인 컵을 가지고 다니기로 했다.
   ➡ _____

3) 샴푸 같은 합성세제 사용을 줄이고 천연세제 등을 개발하는 노력을 한다.
   ➡ _____

4) 북극의 얼음이 점점 녹고 있고 가뭄, 홍수 등 기후 변화가 나타나고 있다.
   ➡ _____

5) 자동차 배기가스 등은 줄이고 나무를 많이 심어야 한다.
   ➡ _____

2 알맞은 단어를 골라 쓰십시오.

> 괴롭다   새롭다   외롭다   해롭다   자유롭다   지혜롭다   평화롭다

이제 한국에 유학 온 지 한 달이 되었다. 외국에 와서 처음에는 1)_____(으)ㄴ 생활에 적응하기는 그리 쉽지 않았다. 친구도 없이 혼자 지내기가 2)_____고 무엇보다 말이 통하지 않아서 3)_____았/었다.

기분도 우울해지고 그냥 돌아가 버릴까라는 생각도 하곤 했다. 하지만 이런 기분으로 생활을 하는 게 건강에도 4)_____(으)ㄹ 것 같아서 한국 생활을 즐겨 보기로 했다. 한국은 대중교통이 잘 되어 있어서 비교적 5)_____게 여기저기 돌아다닐 수 있었다. 재미있는 공연도 보고 맛있는 음식도 먹고 한국하고 친해지는 시간을 가졌다. 이러다 보니 자신감도 생기고 마음도 6)_____아/어졌다. 어려운 때일수록 7)_____게 행동하는 것이 필요한 것 같다.

- 탓

3 질문에 대답하십시오.

1) 가 : 기운이 없어 보이는데 무슨 일이 있어요?
   나 : _____.

2) 가 : 이번 일이 잘못된 이유가 뭡니까? 담당자의 실수입니까?
   나 : _____.

3) 가 : 뉴스를 들으니 신경 정신과를 찾는 환자들이 늘었대요.
   나 : _____.

4) 가 : 한국도 비만이 사회적인 문제가 됐는데요.
   나 : _____.

5) 가 : 국가 대표팀 감독이 갑자기 바뀐 이유가 무엇입니까?
   나 : _____.

-(으)ㄹ까 봐서

4 문장과 대화를 완성하십시오.

1) _____수첩에 적어 놓았어요.

2) 내 마음을 고백하면 _____ 일부러 말 안했어요.

3) _____ 걱정했었는데 잘 적응하고 있어요.

4) 가 : 공연이 일주일이나 남았는데 벌써 가서 예약을 했어요?
   나 : _____.

5) 가 : 자명종 시계를 두 개나 맞춰 놓았네요.
   나 : _____.

6) 가 : 성적표를 엄마한테 왜 안 보여 줍니까?
   나 : _____.

7) 가 : 삼겹살 맛있는데 왜 그만 먹어요?
   나 : _____.

8) 가 : 시험 잘 보셨어요?
   나 : 아니요, _____ 걱정이에요.

-(으)면 어떻게 해요?

5 보기와 같이 문장과 대화를 완성하십시오.

> **보기**
> 난로를 켜 놓고 석유를 넣고 있는 사람에게 하는 말
> ➡ 난로를 켜 놓고 석유를 넣으면 어떻게 해요?

1) 미리 전화도 없이 손님을 데리고 온 남편에게 하는 말
   ➡ _____.

2) 같이 가기로 약속해 놓고 혼자 가 버린 친구에게 하는 말
   ➡ _____.

3) 다른 사람에게는 말하지 말라고 한 비밀을 말해 버린 친구에게 하는 말
   ➡ _____.

4) 가 : 불고기 양념에 깜빡 잊고 마늘을 안 넣었는데 어때요?
   나 : _____.

5) 가 : 집을 나올 때 급해서 문을 안 잠그고 나온 것 같아요.
   나 : _____.

6) 가 : 어른이 먹는 감기약인데 아이한테 먹였어요.
   나 : _____.

복습 제21과 ~ 제25과

1 알맞은 부사를 골라 쓰십시오.

> 되게   활짝   일부러   하여튼   흔히   원래

1) 찬호 씨는 (   ) 부산 사람인데 대전에서 오래 살았대요.

2) 하루 종일 일을 해서 그런지 (   ) 피곤하다.

3) 이 시간에 길이 막히는 건 (   ) 있는 일이에요.

4) 바쁘시면 어쩔 수 없겠지만 (   ) 이삼일 안에 참석 여부를 알려 주십시오.

5) 지구가 아닌 다른 곳으로의 여행! 이제 우주여행의 시대가 (   ) 열렸다.

6) 가 : 지난번 일은 정말 죄송하게 됐습니다. 정말 죄송해요.
   나 : 괜찮아요. 그것 때문에 (   ) 전화하신 거예요?

2 알맞은 것을 고르십시오.

1) 목소리가 아름답기 (에는 / 로는) 조수미를 따를 성악가가 없어요.

2) 초보라서 언제나 사고가 (날까 봐 / 날 정도로) 걱정이에요.

3) 처음에 잘 몰랐는데 얘기를 (듣다가 보니까 / 들으려다가) 알게 됐어요.

4) 걱정만 (할 따름이 / 할 게) 아니라 좋은 방법을 얘기해 보세요.

5) 넘어지지 않도록 (조심할 걸 / 조심할 만) 그랬어요.

6) 밤에 비가 많이 (내릴수록 / 내린 탓에) 지하철이 끊겼대요.

7) 이렇게 큰 상을 제게 주셔서 (감사할 만합니다. / 감사할 따름입니다.)

3 단어를 골라 알맞게 쓰십시오.

> 절약하다　　따르다　　색다르다
> 아쉽다　　신기하다　　꾸미다　　새롭다

1) 오랜만에 만났는데 금방 헤어져야 해서 너무 (　　　　).

2) 용돈으로 받은 돈을 (　　　　) 부모님께 선물을 사 드렸다.

3) 이번에 (　　　　) 개발된 제품은 다른 제품에 비해 속도가 훨씬 빠릅니다.

4) 부지런하기로는 우리 회사에서 박 대리를 (　　　　) 사람이 없는 것 같아요.

5) 조용필 노래를 다른 가수가 부르니까 (　　　　) 느낌이 들어요.

6) 단독 주택에 살게 되면 마당에 나무와 꽃을 심어 예쁘게 (　　　　) 싶다.

7) 그 옛날, 기술도 없었던 시대에 이런 건물을 지었다니 정말 (　　　　).

4 다음 유형을 이용하여 같은 의미가 되도록 문장을 만드십시오.

1) 결혼식에 참석하려고 했어요. 그런데 가다가 교통사고가 나서 못 갔어요.
  ➡ _____(으)려다가 _____.

2) 쉬지 않고 계속 공부하는 건 안 좋아요. 가끔씩 쉬는 게 효과적이에요.
  ➡ _____아/어 가면서 _____.

3) 손님이 하나도 안 올 것 같아요. 그래서 걱정이에요.
  ➡ _____(으)ㄹ까 봐 _____.

4) 아이들이 보면 좋을 것 같아요. 그런 공연이 많았으면 좋겠어요.

➡ _____(으)ㄹ 만한 _____.

5) 바람도 쐬고 생각도 정리하려고요. 여행을 갔다 왔어요.

➡ _____(으)ㄹ 겸 _____(으)ㄹ 겸해서 _____.

6) 술을 너무 많이 마셔 가지고 머리가 아파서 아침에 고생했어요.

➡ _____(으)ㄹ걸 그랬어요.

제26과

-는 바람에
-아/어다가
-다니까요

어휘와 표현

1 알맞은 단어를 골라 쓰십시오.

1) 안됐다 / 잘됐다

① 원하던 시험에 합격했다니 정말 _____네요.

② 열심히 준비했는데, 또 시험에 떨어졌다니 _____네요.

2) 다 됐다 / 덜 됐다

① 식사 준비가 _____으니까 얼른 오세요.

② 아니요, 조금 _____는데, 빨리 해 볼게요.

3) 잘 안 되다 / 잘 되다

① 여기는 장사가 _____는 곳이라서 임대료가 비싸대요.

② 전에는 좀 괜찮았는데 요즘은 _____아/어요.

4) 되다 / 안 되다

① (계산대에서) 영수증을 가지고 1주일 안에 오시면 교환이 _____아/어요.

② 7일 안에 오시면 교환은 _____는데 환불은 _____아/어요.

5) 안 되다 / 되다 / 됐다

① 에어컨을 쓰시다가 문제가 있을 때에는 이리로 연락하시면 _____아/어요.

② 통장 비밀번호를 잊어버리면 _____아/어요. 그러면 돈을 찾을 수 없습니다.

③ 회사일로 다음 달에 갑자기 귀국하게 _____아/어요.

④ 몇몇 친구에게는 연락하려고 해도 연락이 _____아/어서 못했어요.

-는 바람에

2 문장을 완성하십시오.

1) 행복한 가정이었는데 _____ 하루아침에 고아가 되었다.

2) 회사에 잘 다니고 있었는데 _____ 회사에서 잘렸다.

3) 차에서 커피를 마시고 있는데 _____ 커피가 다 쏟아졌다.

4) 그 일을 끝까지 비밀로 할 수 있었는데 _____ 모두 알게 됐어요.

5) 돈을 세고 있는데 갑자기 _____ 어디까지 셌는지 잊어버렸어요.

-아/어다가

3 보기와 같이 연결하여 문장을 만드십시오.

냉장고에서 우유를 꺼내다	
슈퍼마켓에서 김치를 사다	꽂다 놓다
서류를 복사하다	먹다 마시다
비디오를 빌리다	보다 키우다
산에서 꽃을 따다	팔다 쓰다
자판기에서 커피를 뽑다	주다 (드리다)
친구한테서 강아지를 얻다	

보기

냉장고에서 우유를 꺼내다가 마셨어요.

1) _____.

2) _____.

3) _____.

4) _____.

5) _____.

6) _____.

-다니까요

4 대화를 완성하십시오.

1) 가 : 그게 정말이에요? 말도 안 돼.
   나 : _____.

2) 가 : 다시 확인해 보세요. 틀릴 수도 있잖아요?
   나 : _____.

3) 가 : 내가 부탁한 거 꼭 사 와야 돼요. 잊지 말고요. 꼭이에요.
   나 : _____.

4) 가 : 담배 안 피우세요? 전엔 피웠잖아요?
   나 : _____.

5) 가 : 달리고 있는데 갑자기 앞 차가 브레이크를 밟아서 사고가 난 거예요?
   나 : _____.

6) 가 : 저랑 같이 안 가면 어때요? 먼저 가세요.
   나 : _____.

5 다음 말을 순서대로 연결하여 문장을 만드십시오.

1)

> 한국에 대해 많이 알다 / 우리 중에서 다나카 씨를 따를 사람이 없다 / 그가 하자는 대로 하다

➡ _____.

2)

> 기분전환도 하다 / 구경도 하다 / 여행을 가다 / 좋은 곳을 소개해주다

➡ _____.

3)

> 약속을 잊어버리다 / 메모해 둔 종이이다 / 어디로 갔지?

➡ _____.

제27과
- -(으)ㄴ 줄 알았다
- -느라고
- -기 마련이다

어휘와 표현

1 알맞은 단어를 골라 쓰십시오.

1)

| 보상　　의식　　입다　　주다　　줄이다 |

① 댐을 만들거나 산에 나무를 심으면 가뭄이나 홍수로 _____는 피해를 _____(으)ㄹ 수 있다.

② 다른 사람에게 피해를 _____는 경우에는 피해를 _____해 줘야 한다.

③ 폭행이나 차별 등 안 좋은 일을 당한 사람들은 대개 피해 _____을/를 갖고 있다.

2)

| 걸리다　　놓다　　들다　　먹다　　잡다 |

① 아침에 아내에게 화를 내고 나온 게 하루 종일 마음에 _____았/었다.

② 지금 이기고 있지만 1점 차이니까 마음을 _____(으)ㄹ 수 없어요.

③ 한번 마음 _____(으)면 포기하지 않는 사람이에요.

④ 여자 친구와 헤어진 뒤 힘들어했는데 요즘은 마음을 _____(으)ㄴ 것 같아요.

⑤ 마음에 _____는 옷을 겨우 찾았는데 사이즈가 없어서 사지 못했다.

2 빈칸에 공통적으로 들어갈 단어를 고르십시오.

1) ☐

음식을 _____ 아/어 먹는 건 건강에 안 좋습니다.
사람들은 부끄러울 때 손으로 얼굴을 _____ 다.
경찰은 그의 말의 사실 여부를 _____ 기 위해 조사에 들어갔다.

① 나누다 ② 가리다 ③ 밝히다 ④ 고르다

2) ☐

환경 문제를 _____ (으)ㄴ 영화나 책이 많이 나와 있다.
악기를 한두 개 _____ (으)ㄹ 줄 알면 좋을 것 같다.
사업을 잘 하려면 사람들도 잘 _____ 아/어야 한다.

① 대하다 ② 잡다 ③ 차리다 ④ 다루다

-(으)ㄴ 줄 알았다

3 문장과 대화를 완성하십시오.

1) 수현 씨가 말도 안 하고 웃지도 않아서 _____.

2) 요즘 전화도 안 받고, 얼굴 보기가 힘들어서 _____.

3) 교실에 사람이 있었는데 _____ 밖에서 현관문을 잠갔어요.

4) 아직 다 안 먹은 거예요? _____ 치워 버렸는데.

5) 가 : 음식을 왜 이렇게 많이 했어요? 3명밖에 안 오는데.
   나 : 그래요? _____.

6) 가 : 옆집 형제는 정말 닮았던데요. 체격도 비슷하고.
   나 : 저도 처음엔 _____.

-느라고

4 문장과 대화를 완성하십시오.

1) 지갑을 놓고 와서 집에 갔다 오느라고 _____.

2) 주말에 밀린 빨래를 하느라고 _____.

3) _____ 그동안 저금해 놓았던 돈을 다 썼어요.

4) 약도가 있었는데도 _____ 힘들었어요.

5) 가 : 뭐 하느라고 지금까지 저녁도 못 먹었어요?
   나 : _____ 시간이 없어서 못 먹었어요.

6) 가 : 동재는 대학교 졸업이 얼마 남지 않았죠? 어떻게 지낸대요?
   나 : _____ 정신없대요.

7) 가 : 연말이라서 요즘 바쁘시지요?
   나 : _____.

8) 가 : 퇴근 시간이 한 시간이나 지났는데 이제 퇴근하세요?
   나 : _____.

-기 마련이다

5 대화를 완성하십시오.

1) 가 : 너무 서두르지 마세요. 급할수록 천천히 가라는 말도 있잖아요.
   나 : 맞아요. _____.

2) 가 : 처음이라서 그런지 너무 긴장이 되던데요. 아직도 떨려요.
   나 : 처음에는 누구나 _____.

3) 가 : 난 완벽하게 했다고 생각했는데 그런 문제가 생겼네요.
   나 : _____.

4) 가 : 사랑해서 결혼했는데 왜 부부싸움을 할까요?
   나 : _____.

5) 가 : 어떻게 학교에 소문이 다 났을까? 절대로 말하지 말라고 했는데.
   나 : _____.

6) 가 : 주위 환경에 따라 그렇게 변할 수 있다는 게 이해가 안 가요.
   나 : _____.

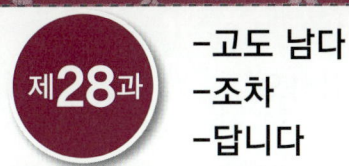

- -고도 남다
- -조차
- -답니다

어휘와 독해

1 빈칸에 알맞지 <u>않은</u> 단어를 고르십시오.

1) [　　]

> 젊은 시절 이○○ 씨는 잘 생긴 외모와 부드러운 성격으로 어디에 가든지 인기를 _____았/었다.

① 끌다　　② 얻다　　③ 잡다　　④ 모으다

2) [　　]

> 이 사건 이후로 가수 장○○ 씨의 인기가 _____고 있다.

① 많아지다　　② 넓어지다　　③ 높아지다　　④ 올라가다

2 다음 글을 읽고 질문에 대답하십시오.

> 　사물놀이는 북, 장구, 징, 꽹과리 네 가지 민속 타악기를 두드리면서 연주하는 음악이다. 원래 농촌에서 즐기던 풍물놀이를 무대 위로 옮겨 놓은 것이다. 1978년 김덕수 사물놀이패가 무대에서 첫 공연을 한 후 대중들에게 널리 알려지게 되었고 해외에서도 좋은 평가를 받으면서 한국의 대표적인 민속 공연으로 자리 잡았다.
> 　꽹과리는 하늘의 천둥소리를, 징은 바람, 장구는 비, 북은 구름의 모습을 소리로 나타낸다. 하늘을 울리고 땅을 울리어 보는 이들을 하나로 만든다는 사물놀이의 리듬은 한국의 에너지를 표현한다는 평가를 받고 있다.

1) 윗글에서 '치다', '때리다'와 비슷한 의미의 동사를 찾아 쓰십시오.

   _____

2) 사물놀이의 네 가지 악기 이름을 쓰십시오.

   ①    ② 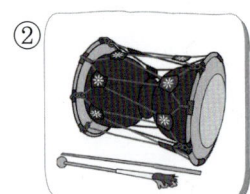   ③    ④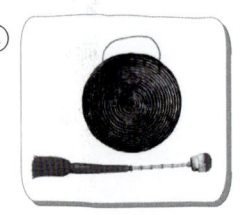

   _____   _____   _____   _____

3) 윗글의 내용과 <u>관계없는</u> 것은 무엇입니까? ☐

   ① 사물놀이는 한국의 에너지를 표현한다는 평을 듣는다.
   ② 사물놀이는 무대에서 하는 공연이다.
   ③ 사물놀이의 악기는 자연 현상의 소리와 모습을 표현한다.
   ④ 사물놀이는 풍물놀이로 발전할 것이다.

-고도 남다

3 대화를 완성하십시오.

1) 가 : 우리 딸이 키가 175센티미터인데 모델이 되고 싶대요.
   나 : _____.

2) 가 : 5명이 먹을 텐데 음식이 충분할까요?
   나 : _____.

3) 가 : 이번 주까지 보고서 내라고 하는데 할 수 있을지 모르겠어요.
   나 : _____.

4) 가 : 회비 10만원 걷어서 케이크 하고 과일사면 모자라지 않겠지?
   나 : 그럼, _____.

5) 가 : 광수 씨가 다음 주에 공무원 시험을 본다던데 잘 보겠지요?
   나 : 그 정도 실력이면, _____.

-조차

4 대화를 완성하십시오.

1) 가 : 팬 사인회장에 사람이 그렇게 많이 모였다면서요?
   나 : 서 있을 데_____.

2) 가 : 친구들에게서 생일 선물을 받았어요?
   나 : 아니요, 오늘이 제 생일인 걸 기억_____.

3) 가 : 공동생활이니까 좀 주의하라고 제가 그 사람한테 이야기할게요.
   나 : 그 사람은 정말 기본적인 것_____.

4) 가 : 형편이 어려워도 수술해야 할 텐데…….
   나 : 수술은 꿈_____.

5) 가 : '치매'가 그렇게 무서운 병인가요? (가족)
   나 : 그럼요, 심하면 _____.

6) 가 : 연말인데 보너스는 받으셨어요? (보너스는커녕 월급)
   나 : _____.

-답니다

5 보기와 같이 밑줄 친 부분을 바꾸십시오.

> **보기**
> 여기가 우리 집에서 제일 조용한 <u>곳입니다</u>. ➡ 곳이랍니다

1) 저도 옛날에는 그저 평범한 <u>월급쟁이였습니다</u>. ➡ _____

2) 보기보다 그렇게 힘든 일은 <u>아닙니다</u>. ➡ _____

3) 결국 두 사람은 결혼해서 행복하게 <u>살았습니다</u>. ➡ _____

4) 한국 사람들은 아주 더울 때 뜨거운 삼계탕을 <u>먹습니다</u>. ➡ _____

5) 낮에는 공부하고 밤에는 아르바이트하면서 <u>생활합니다</u>. ➡ _____

6) 얌전해 보이지만 그렇게 얌전하지는 <u>않습니다</u>. ➡ _____

제29과
- -지 그래요?
- -고 말다
- -(으)ㄹ걸요

어휘와 표현

1 빈칸에 '다름이 아니라'와 '아닌 게 아니라'를 알맞게 넣으십시오.

1) 가 : 민서 씨, 웬일이세요? 오랜만이네요.
   나 : 제가 선배님께 전화를 드린 건 _____ 이번에 학교 동창회를 하게 돼서 연락드리려고요.

2) 가 : 언제나 생머리였던 혜미 씨가 파마를 한 걸 보니 무슨 일이 있는 거 아니에요?
   나 : _____ 저도 남자 친구랑 헤어졌을 때 그 다음날 바로 머리를 잘랐던 것 같아요.

3) 가 : 어떻게 저에게는 한 마디도 얘길 안 할 수 있어요? 너무하셨어요.
   나 : 그랬던 건 _____ 다른 사람들이 크리스 씨를 깜짝 놀라게 해 주자고 해서요.
   가 : _____ 귀국한다고 해도 별 인사가 없어서 그동안 좀 섭섭했는데……. 이 깜짝 송별회 덕분에 그런 마음이 다 사라졌어요.

2 지도를 보고 맞는 지명을 골라 쓰십시오.

| 경기도 | 강원도 | 충청북도 | 충청남도 | 전라북도 | 전라남도 |
| 경상북도 | 경상남도 | 제주도 | 부산광역시 | 인천광역시 | 서울특별시 |

① _____
② _____
③ _____
④ _____
⑤ _____
⑥ _____
⑦ _____
⑧ _____
⑨ _____
⑩ _____
⑪ _____
⑫ _____

3 친구가 한국에 오면 한국 음식 중에서 무엇을 같이 먹겠습니까?
그리고 여러분 나라의 유명한 음식, 맛있는 음식도 소개해 보십시오.

_____
_____
_____
_____

-지 그래요?

4 질문에 대답하십시오.

1) 가 : 머리 스타일을 좀 바꿔 볼까 하는데 어떤 게 어울릴까요?
   나 : _____.

2) 가 : 요즘 몸이 계속 안 좋아요. 체중도 줄고.
   나 : _____.

3) 가 : 중고차 사려면 어디로 가야 하는지 아세요?
   나 : _____.

4) 가 : 친구 어머니가 밥을 너무 많이 주셔서 먹느라고 고생했어요.
   나 : _____.

5) 가 : 다 말해 버리고 싶었는데 참았어요.
   나 : _____.

6) 가 : 어제 그 일을 다 하느라고 10시 넘어서 퇴근했어요.
   나 : _____.

-고 말다

5 보기와 같이 밑줄 친 부분을 바꾸십시오.

> 보기
> 승진 시험에서 떨어져서 <u>탈락했습니다</u>. ➡ 탈락하고 말았습니다.

1) 부도 위기에 있던 그 회사는 결국 다른 회사로 <u>넘어갔습니다</u>.
   ➡ _____

2) 거의 다 이긴 경기를 수비 실수로 <u>졌습니다</u>. ➡ _____

3) 그렇게 만나고 싶었던 가족을 만나지 <u>못했습니다</u>. ➡ _____

4) 전쟁이 나지 않기를 바랐지만, 두 나라 사이에 전쟁이 <u>일어났습니다</u>.
   ➡ _____

5) 6개월 동안 계속된 실험은 결국 실패로 <u>끝났습니다</u>. ➡ _____

6 문장을 완성하십시오.

1) 오래 치료도 받고 두 번이나 수술도 받았지만 끝내 _____.

2) 거의 다 잡은 물고기를 _____.

3) 헤어졌다가 다시 만난 지 1년 만에 또다시 _____.

4) 그런 일이 생기지 않도록 노력했지만 _____.

5) 꿈을 이루고 싶었지만 _____.

-(으)ㄹ걸요

7 질문에 대답하십시오.

1) 가 : 현아 씨, 이 그림을 다운 받아서 출력할 수 있나요?
   나 : _____.

2) 가 : 음식 쓰레기를 일반 쓰레기와 같이 버려도 돼요?
   나 : _____.

3) 가 : 이번 시험에서는 꼭 전 과목 100점 받을 거예요.
   나 : _____.

4) 가 : 제가 팔씨름해서 이길 자신 있어요.
   나 : _____.

5) 가 : 비자가 사흘 안에 나올까요?
   나 : _____.

6) 가 : 벚꽃 축제 아직 안 끝났겠지요?
   나 : _____.

제30과
-(으)므로
-커녕
-(으)ㄹ 리가 없다

어휘와 독해

1 알맞은 단어를 골라 쓰십시오.

1) **글자 / 글씨**

① 세계의 언어 중에는 말은 있지만 _____가 없는 것도 있다.
원고에 틀린 _____가 있는지 다시 한번 봤습니다.

② 사람마다 얼굴이 다른 것처럼 각 사람의 _____도 다릅니다.
왼손잡이들은 _____를 쓸 때 좀 불편합니다.

2) **발견 / 발명**

① 이곳에서 공룡의 화석이 _____되었다.
합격자 명단에서 내 이름을 _____하고는 너무 기뻐서 소리를 지르고 말았다.

② 전구, 축음기 등 많은 것을 _____한 에디슨은 학교에서 문제 학생이었다.
필요는 _____의 어머니라는 말이 있다.

3) **상품 / 작품**

① 가게에서 _____을 진열할 때 잘 팔리는 것들을 눈높이에 놓는다.
서비스도 눈에 보이지 않는 _____이라고 할 수 있다.

② 미술관에 전시된 _____ 앞에 "손대지 마십시오."라고 쓰여 있었다.
이 그림은 화가 박수근 씨의 1950년도 _____입니다.

2 다음 글을 읽고 질문에 대답하십시오.

> 한글은 조선시대 네 번째 ㉮임금인 세종대왕이 ㉯백성들에게 쓰기 쉽고 배우기 쉬운 글자가 필요하다고 생각해서 만든 글자입니다. 세종대왕은 '집현전'의 학자들과 함께 직접 글자를 만들었습니다. 한글을 처음에는 '훈민정음'이라고 했는데 이것은 '백성을 가르치는 바른 소리'라는 뜻입니다.
>
> 자음은 소리를 내는 입술과 혀와 입천장의 모양을 보고 만들었습니다. 그리고 모음은 하늘(·)과 땅(ㅡ)과 사람(ㅣ)의 모양을 나타낸 것입니다. 이렇게 해서 한글이 세종 25년인 1443년에 완성되었습니다. 완성 후에는 글자로서 문제가 없는지 3년 동안 시험을 해 보고 나서 1446년에 발표하였습니다.

1) 윗글에 없는 내용은 무엇입니까? ☐

　　① 한글을 만든 목적과 만든 사람들　　② 한글이 발표될 때의 이름과 그 의미
　　③ 한글 자음과 모음의 글자 수　　　　④ 한글이 완성된 해와 발표된 해

2) ㉮, ㉯의 의미를 맞게 말한 것은 무엇입니까? ☐

　　① 시장, 시민　　　　　② 사장, 직원
　　③ 양반, 평민　　　　　④ 왕, 국민

3) 자음과 모음의 글자 모양은 무엇을 보고 만들었습니까?

　자음 : _____

　모음 : _____

4) 한글을 완성하고 왜 바로 발표하지 않았습니까?

　_____

-(으)므로

3 질문에 대답하십시오.

1) 가 : 이 약병에 뭐라고 씌어 있는지 좀 읽어 봐라. (부작용이 있을 수 있다)
   나 : _____.

2) 가 : 수료증에 뭐라고 씌어 있어? (과정을 모두 마쳤다)
   나 : _____.

3) 가 : 제가 뭘 위반했나요? 별로 속력을 안 냈는데요. (신호를 위반했다)
   나 : _____.

4) 가 : 암에 걸렸다가 완치가 된 후에도 계속 관리가 필요한 이유가 뭡니까?
      (재발할 위험이 있다)
   나 : _____.

5) 가 : 인터넷으로 구매하는 물건들은 믿을 수 있는 제품들인가요?
      (문제가 있는 사이트도 있다)
   나 : _____.

-커녕

4 대화를 완성하십시오.

1) 가 : 가족들이 부엌일을 좀 돕나요?
   나 : _____ 자기 방도 안 치워요.

2) 가 : 건강을 생각해서 보약을 가끔씩 먹는 게 좋아요.
   나 : 보약은커녕 _____.

3) 가 : 한국어 시험 4급은 무난히 합격하시겠네요.
   나 : _____.

4) 가 : 비가 많이 온다고 했는데 안 오네요.

　　나 : 글쎄 말이에요. ＿＿＿＿＿＿＿＿＿＿＿＿＿＿＿＿＿＿ 맑기만 하네요.

5) 가 : 1년이나 떨어져 살 건데 공항에서 아영이가 울지 않던가요?

　　나 : ＿＿＿＿＿＿＿＿＿＿＿ 기는커녕 ＿＿＿＿＿＿＿＿＿＿＿＿＿＿＿＿＿＿.

6) 가 : 출장 가서 관광도 좀 하지 그러셨어요?

　　나 : ＿＿＿＿＿＿＿＿＿＿＿＿＿＿＿＿＿＿＿＿＿＿＿＿＿＿＿＿＿＿＿＿＿.

-(으)ㄹ 리가 없다

5 대화를 완성하십시오.

1) 가 : 정호가 그 사람은 잘 모르겠다고 하던데.

　　나 : ＿＿＿＿＿＿＿＿＿＿＿＿＿＿＿＿＿＿＿＿＿＿＿＿＿＿＿＿＿＿＿＿＿.

2) 가 : 진수는 아무 연락도 못 받았다던데. 그래서 동창회에 못 나왔대.

　　나 : ＿＿＿＿＿＿＿＿＿＿＿＿＿＿＿＿＿＿＿＿＿＿＿＿＿＿＿＿＿＿＿＿＿.

3) 가 : 손님, 죄송하지만 이 신용 카드는 사용 한도가 초과되었는데요.

　　나 : ＿＿＿＿＿＿＿＿＿＿＿＿＿＿＿＿＿＿＿＿＿＿＿＿＿＿＿＿＿＿＿＿＿.

4) 가 : 우리 회사에서 보낸 우편물을 그쪽에서 아직 못 받은 것 같아요.

　　나 : 2주 전에 보냈는데 ＿＿＿＿＿＿＿＿＿＿＿＿＿＿＿＿＿＿＿＿＿＿＿.

5) 가 : 음식이 상한 것 같아요.

　　나 : 점심에 만든 건데 ＿＿＿＿＿＿＿＿＿＿＿＿＿＿＿＿＿＿＿＿＿＿＿.

복습 제26과 ~ 제30과

1 알맞은 조사를 골라 쓰십시오.

> -보고　　-말고는　　-에다가
> -(으)로　　-에　　-(이)나　　-조차　　-커녕

1) 그 가수는 그 노래(　　　) 별로 히트곡이 없다.

2) 한복(　　　) 구두를 신는 건 좋은 옷차림이 아니지요.

3) 암(　　　) 사망하는 사람의 수가 해마다 늘고 있다.

4) 젊은 여자(　　　) 아가씨라고 하면 안 되는 거예요?

5) 아무 데서(　　　) 큰 소리로 휴대 전화를 사용하는 사람이 있다.

6) 비가 오기는(　　　) 구름 한 점 없이 맑은 날이다.

7) 그 지역은 피해가 하도 커서 정부(　　　) 복구를 포기한 상태이다.

8) 저 혼자서 쓰기(　　　) 집이 너무 커서 이사할까 해요.

9) 보고서 한 장만 쓰면 되니까 다 한 것(　　　) 다름없어요.

2 알맞은 부사를 골라 쓰십시오.

> 마침　　종종　　함부로　　골고루　　우연히　　반대로

1) 편식을 하면 건강에 안 좋으니까 음식을 (　　　) 먹어라.

2) 의사의 처방 없이 (　　　) 약을 먹으면 안 됩니다.

3) 제 커피도 사 오셨다고요? (　　　) 한 잔 마시고 싶었는데.

4) 그 사람 만나러 일부러 간 게 아니라 (　　　) 만나게 됐어요.

5) 직장 생활을 하다가 보면 (　　　) 그만두고 싶을 때가 있어요.

6) 옛날에는 고기만 먹고 채소를 안 먹었는데 요즘은 (　　　) 채소만 먹어요.

3 알맞은 것을 고르십시오.

1) 약속이 (취소되는 바람에, 취소되느라고) 시간이 좀 났어요.

2) (밥을 먹은 줄 모르고, 밥을 먹은 줄 알고) 차하고 과일만 준비했어요.

3) 늦었는데 저희 집까지 (태워다 주셔서, 태우다 주셔서) 정말 감사합니다.

4) 오래 사귀다 보면 몇 번씩 (헤어지기 마련이지요, 헤어진 법이에요.)

5) 늦게 일어났군요. 어제 시계를 맞춰 (놓지, 놓았지) 그랬어요?

6) 몇 번이나 말했잖아요. 주말에는 시간이 (안 되니까요, 안 된다니까요.)

7) 좋은 기회였는데 망설이다가 (놓치고 말았다, 놓치고말고요.)

4 다음 유형을 이용하여 두 문장을 연결하십시오.

> -는 바람에   -아/어다가   -는 줄 알고   -느라고   -기는커녕   -(으)므로

1) 거래하던 회사가 부도가 났어요. 우리까지 어려워졌어요.

   → _____.

2) 그 영화가 재미있지 않았어요. 지루해서 잠만 오던데요.

   → _____.

3) 길에서 종이나 병을 줍습니다. 팔아서 돈을 벌어요.

   → _____.

4) 무슨 생각을 합니까? 두 번이나 불러도 못 들어요?

   → _____.

5) 성적이 매우 우수합니다. 이 상을 드립니다.

   ➡ _____.

6) 그 버스가 광화문에 간다고 잘못 알았습니다. 탔습니다.

   ➡ _____.

해답

제 1 과

1. 1) ④   2) ②   3) ①

2. 자유 작문

3. 1) 우리 팀은 공격력은 강한 반면에 수비가 약한 편입니다.
   2) 북쪽 음식은 양념이 적고 좀 싱거운 반면에 남쪽은 짜고 매워요.
   3) 수학과 과학 성적은 좋지 않은 반면에 국어와 사회 성적은 잘 나왔어요.
   4) 아버지는 운동을 좋아하시는 반면에 어머니는 음악을 좋아하세요.
   5) 국내 관광객 수는 준 반면에 외국인 관광객이 많이 늘었습니다.
   6) 과일, 채소 가격은 오른 반면에 공산품 가격은 내렸습니다.

4. 1) 비가 올지도 몰라요.   2) 가지 못할지도 몰라요.
   3) 늦을지도 몰라요.   4) 주소가 바뀌었을지도 모르니까
   5) 중요한 전화가 올지도 모르잖아요.

5. 1) 쉰다는(쉰단) 말이에요?   2) 제가 나쁜 사람이라는(사람이란) 말이에요?
   3) 일을 한다는(한단) 말이에요?   4) 헤어지자는(헤어지잔) 말이에요?
   5) 살을 뺐다는(뺐단) 말이에요? (살이 빠졌다는 말이에요?)

제 2 과

1. 1) 문질러   2) 쓰다듬어   3) 손을 대지   4) 만져

2. ①

3. 1) 브레이크를 밟는다는 게 가속 페달을 밟았어요.
   2) 특별한 재료와 양념을 넣어서 맛있게 만든다는 게 맛이 없게 되었어요.
   3) 삼십 분만 잔다는 게 두 시간이나 잤어요.
   4) 좋은 말로 주의를 준다는 게 화를 냈어요.
   5) 한 숟가락만 먹는다는 게 아이스크림 한 통을 다 먹었어요.

4. 1) 배가 고프던 참이었어요.(뭘 좀 먹으려던 참이었어요.)
   2) 지금 보려던 참이었어요.(지금 답장을 보내려던 참이었어요.)
   3) 저도 은행에 가려던 참이었는데 잘 됐네요.
   4) 그렇지 않아도 지금 치우려던 참이었는데 잘됐네요.
   5) 저도 보고 싶던 참이었어요.(같이 보러 가자고 하려던 참이었어요.)

5. 1) 조깅을 하든지 수영을 하든지
   2) 약을 먹든지 병원에 가든지
   3) 하든지 말든지
   4) 정장을 입든지 편한 옷을 입든지 다 괜찮을 것 같아요.
   5) 우편으로 보내든지 이메일로 보내든지 하세요.

제3과

1. 1) 도대체   2) 주로   3) 나중에

2. ④

3. 1) 벌써 아기 낳을 때가 된 줄 몰랐네요.
   2) 이게 그렇게 비싼 건 줄 몰랐어요.
   3) 미안해요. 관심이 있는 줄 몰랐어요.
   4) 그 노래가 그렇게 히트할 줄 몰랐어요.
   5) 복권이 2등에 당첨될 줄 모르고
   6) 한 번에 오는 버스가 있는 줄 모르고 갈아타고 왔어요.

4. 1) 시간이 많이 남기는요.   2) 좋기는요.
   3) 힘들기는요.   4) 스트레스가 쌓이지 않기는요.
   5) 귀찮기는요. 오히려 재미있었는데요.
   6) 감사하기는요. 초대해 주셔서 오히려 제가 감사해요.

5. 1) 이사를 할까 해요.   2) 좀 더 있을까 해요.
   3) 고향에나 다녀올까 해요.   4) 집에서 만들어 먹을까
   5) 다른 사람에게 부탁할까

6. 1) 그 가게가 문을 닫은 줄 모르고 찾아갔어요.
   2) 머리를 염색할까 하다가 자르기만 했어요.
   3) 배가 고파서 뭘 좀 먹으려던 참이었는데 잘됐네요.

제4과

1. 1) ⑧   2) ①   3) ⑥   4) ②   5) ⑩
   6) ⑨   7) ④   8) ⑦   9) ③   10) ⑤

2. 1) 하셨어요.   2) 받아요.
   3) 생길   4) 풀어야

3. 1) 아닌가 봐요.   2) 오실 건가 봐요.
   3) 아프신가 봐요.   4) 놀고 싶지 않은가 봐요.
   5) 열지 않나 봐요.   6) 많았나 봐요.
   7) 났나 봐요.   8) 되지 않았나 봐요.

4. 1) 식당 문이 잠겨 있는 걸 보니까 오늘 영업을 안 하나 봐요.
   2) 사장님이 하루 종일 한 마디도 안 하시는 걸 보니 무슨 걱정이 있으신가봐요.
   3) 손님이 음식을 남긴 걸 보니 맛이 없었나 봐요.
   4) 강대규 씨가 집도 사고 큰 차도 산 걸 보니 돈을 많이 벌었나 봐요.
   5) 남자 친구 소개 받으러 간 친구가 일찍 돌아온 걸 보니 상대방이 마음에 안 들었나 봐요.
   6) 시험 성적을 말하지 않는 걸 보니 성적이 안 좋은가 봐요.

해답

5. 1) 다시는 얼굴도 보고 싶지 않을 정도로 그 사람이 싫어요.
2) 나리 씨는 대회에 나가서 상을 받을 정도로 무용을 잘해요.
3) 서 있을 데도 없을 정도로 사람이 많아요.
4) 입원할 정도로 몸이 안 좋은 건 아니에요.
5) 그 영화가 두 번이나 보고 싶을 정도로 재미있지는 않아요.
6) 차를 꼭 타야 할 정도로 멀지는 않아요.

6. 1) 요즘은 인터넷을 통해서 정보를 많이 얻습니다.
2) 신문을 통해서 그 뉴스를 알게 됐습니다.
3) 친구를 통해서 여자 친구를 소개 받았습니다.
4) 직업소개소를 통해서 아르바이트를 구했습니다.
5) 지금 살고 있는 오피스텔은 부동산 소개소를 통해서 찾았습니다.
6) 아는 사람을 통해서 그 사람 소식을 들었습니다.

제5과

1. 1) 두 손으로 따릅니다.   2) 두 손으로 받습니다.
3) 얼굴을 옆으로 돌리고 마십니다.   4) 건배라고('위하여'라고), 부딪칩니다.
5) 잔이 비면   6) 해장국

2. 1) 먼저   2) 대충   3) 특별히   4) 꼭

3. 1) 제가 잘 못 하더라도(실수를 하더라도)   2) 늦더라도
3) 너무 실망하지 마세요.   4) 열심히 해 보려고 합니다.
5) 살기는 어려웠을 거예요.   6) 잘해 주었더라도
7) 실패하더라도 포기하지 않을 거예요.

4. 1) 한국어말고는 할 줄 아는 외국어가
2) 서울말고는 가 본 데가
3) 역에서 가까운 것 말고는 좋은 점이 없어요.
4) 소화가 잘 안 되는 것말고는 특별히 안 좋은 데가 없어요.
5) 배고플 때말고는 잘 안 울어요.

복습 제1과 ~ 제5과

1. 1) 도대체   2) 꼬박꼬박   3) 대충   4) 우선   5) 주로

2. 1) 재미없나   2) 말라는   3) 알아볼
4) 저한테(저에게)   5) 없어요.   6) 마시려던(마실)

3. 1) 감사하기는요. / 감사하다니요?   2) 오려나 봐요. / 올 것 같아요.
3) 아파도 / 아프더라도   4) 갈까 해요 / 가기로 했어요.   5) 를

146

4. 1) 한번 보거나 들은 건 잊어버리지 않을 정도로 기억력이 좋아요.
   2) 아시아에서는 중국말고는 가 본 데가 없어요.
   3) 연락한다는 게 너무 바빠서 깜빡 잊어버렸어요.
   4) 미국이나 영국에 유학 가지 않더라도 영어를 잘 할 수 있어요.
   5) 형은 말이 없고 생각이 깊은 반면에 동생은 활발해요.
   6) 한국말이 어려울 줄 모르고 시작했어요.

제6과

1. 자유 작문

2. 1) 올라갔다   2) 남았다
   3) 붙어 있다   4) 붙었다

3. 1) ① 에 / 에다가   ② 에   2) ① 에 / 에다가   3) ① 에 / 에다가   ② 에
   4) ① 에 / 에다가   5) ① 에   6) ① 에서   ② 에 / 에다가
   7) ① 에 / 에다가   ② 에서

4. 1) 아무 데도   2) 아무한테도(아무에게도)
   3) 아무도   4) 아무 것도   5) 아무 일도 없었어요.
   6) 아무 말씀도 안 하셨어요.   7) 아무 연락도 없었어요.(아무 연락도 오지 않았어요.)
   8) 아직 아무 계획도 세우지 않았어요.

5. 1) 하곤 해요.   2) 가곤 했어요.   3) 잡곤 했어요.
   4) 듣곤 했어요.   5) 치곤 했는데   6) 치곤 합니다.
   7) 가곤 했어요.   8) 가곤 합니다.

6. 자유 작문

제7과

1. 1) 저장   2) 삭제   3) 접속
   4) 첨부파일   5) 검색   6) 전송

2. 1) 부재중 수신번호   2) 전화번호 등록   3) 최근 발신번호
   4) 전화번호 찾기   5) 최근 수신번호

3. 1) 자를까 파마를 할까
   2) 취직을 할까 계속 공부를 할까
   3) 살까 말까
   4) 밥부터 먹을까 영화부터 볼까 생각 중이에요.
   5) 회사를 그만둘까 계속 다닐까 고민 중이에요.
   6) 제주도로 갈까 해외로 갈까, 제주도로 가기로 했어요.

해답

4. 1) 기쁘고말고요. 2) 고맙고말고요.
   3) 따라가도 되고말고요. 4) 어렵지 않고말고요.
   5) 올려 주고말고. 6) 해 드리고말고요.

5. 1) 네, 남자들이 여자들 못지않게 집안일을 잘해요.
   2) 요리사 못지않게 요리를 잘하세요.
   3) 그럼요, 중학생인데도 대학생 못지않게 잘 할 거예요.
   4) 대기업 못지않게 전망이 좋은 회사라서 선택했어요.
   5) 동생도 형 못지않은 개구쟁이예요.(형 못지않게 장난을 쳐요.)
   6) 새로 온 팀장님도 저번 팀장님 못지않게 까다로워요.

제 8 과

1. 1) ③ 2) ① 3) ④ 4) ②

2. 1) 교통도 불편하고 해서 옮겼어요.
   2) 보너스도 받고 해서 한턱내는 거예요.
   3) 일도 늦게 끝나고 해서 빠졌어요.
   4) 약속도 있고 해서 백화점까지 갔어요.
   5) 결혼기념일도 되고 해서 여행 가기로 했어요.
   6) 집도 많이 낡고 해서 수리를 하려고 해요.

3. 1) 집에 아무도 없는 모양입니다.
   2) 영화가 재미있는 모양입니다.(영화를 잘 만든 모양입니다.)
   3) 무슨 일이 생긴 모양입니다.(오지 않을 모양입니다.)
   4) 수술이 잘 된 모양입니다.
   5) 소식을 들으니 사업이 잘 되는 모양입니다.(사업이 잘 안 되는 모양입니다.)
   6) 아무 말도 없는 걸 보니 시험을 잘 못 본 모양입니다.

4. 1) 새 거나 다름없어요. 2) 형제나 다름없어요.
   3) 고향이나 다름없어요. 4) 이긴 거나 다름없어요.
   5) 다 읽은 거나 다름없어요. 6) 가족이나 다름없는

제 9 과

1. 1) ② 2) ④ 3) ① 4) ③

2. 1) 사용 방법이 얼마나 복잡한지 몰라요.
   2) 어제 개그 프로그램 보면서 얼마나 많이 웃었는지 몰라요.
   3) 아이들이 얼마나 말을 안 듣는지 몰라요.(아이들이 말을 얼마나 안 듣는지 몰라요.)
   4) 면접시험 때 긴장해서 얼마나 많이 떨었는지 몰라요.

5) 엘리베이터가 멈춰서 30분 동안 갇혀 있었는데 얼마나 무서웠는지 몰라요.

6) 휴대전화가 없어져서 얼마나 많이 찾았는지 몰라요.

3. 1) 타지 않게
   2) 알기 쉽게 (이해할 수 있게)
   3) 외국인도 볼 수 있게
   4) 떨어지지 않게
   5) 모자라지 않게
   6) 놀라게 (기분 좋게)
   7) 다른 사람도 먹게
   8) 필요할 때 보게(볼 수 있게)

4. 1) 정부 발표에 의하면 3%로 목표보다 낮았다고 합니다.
   2) 전문가 말에 의하면 하반기에는 조금 올라갈 것 같다고 합니다.
   3) 친구들 말에 의하면 결혼도 생각하는 사이라고 합니다.
   4) 여론조사에 의하면 야당후보가 약간 앞서고 있는 것으로 나타납니다.(예측하기가 어려운 것 같습니다.)
   5) 경찰 조사에 의하면 조종사의 실수인 것 같습니다.
   6) 의사 말에 의하면 수술하면 고칠 수 있다고 합니다.

제 10 과

1. 1) 납부   2) 마감일   3) 공과금   4) 관리비   5) 연체료

2. 1) ① ×   ② ○   ③ ○   ④ ○   ⑤ ×
   2) 고지서

3. 1) 일찍 발견했더라면 목숨을 구할 수 있었을 텐데…….
   2) 치료를 제대로 받았더라면 병이 더 커지지 않았을 텐데…….
   3) 도장을 가지고 가지 않았더라면 서류를 떼지 못했을 거예요.
   4) 준비를 충분히 했더라면 좋았을 텐데…….
   5) 부모님 말을 들었더라면 사고가 나지 않았을 텐데…….
   6) 그때 참았더라면 일이 커지지 않았을 거예요.

4. 1) 못 내릴 뻔했어요.
   2) 못 알아볼 뻔했어요.
   3) 늦을 뻔했는데
   4) 못 들어갈 뻔했는데
   5) 비를 맞을 뻔했어요.
   6) 비행기를 놓칠 뻔했어요.(못 탈 뻔했어요.)
   7) 건강 검진을 안 받았더라면 병이 있는 걸 모를 뻔 했어요.
   8) 말해 주지 않았더라면 그냥 앉을 뻔했어요.(그냥 앉았더라면 옷에 묻을 뻔했네요.)

5. 1) 손이 발이 되도록
   2) 코가 비뚤어지도록
   3) 목이 빠지도록(눈이 빠지도록)
   4) 목이 터지도록
   5) 배가 터지도록

6. 1) 공부하도록 하세요.(잘 준비하도록 하세요.)
   2) 잃어버리지 않도록
   3) 도둑이 들어오지 못하도록
   4) 네, 끊도록 하세요.
   5) 알아서 내도록 합시다.(한 만 원씩 내도록 합시다.)

해답

6) 다음 달에는 판매량이 늘어나도록 노력합시다.
7) 다음부터는 이런 사고가 생기지 않도록 해 주세요.
8) 친구가 기분 나빠하지 않도록 잘 이야기해 보세요.
9) 감기가 폐렴이 되도록
10) 아니요, 한 시간이 지나도록

복습 제6과 ~ 제10과

1. 1) 한참　　2) 자세히　　3) 한때　　4) 완전히
   5) 얼른　　6) 당연히　　7) 대부분

2. 1) 기쁘고말고요.　　2) 아무도　　3) 여기에　　4) 왔더라면
   5) 앉도록(앉게)　　6) 의하면　　7) 본　　8) 어머나

3. 1) 집에 갔다 온 지도 오래되고 해서 한번 갔다 오려고 해요.
   2) 못 보고 그냥 갔더라면 아쉬울 뻔했어요.
   3) 사람들이 잘 볼 수 있게 (있도록) 눈에 띄는 데다 붙여 주세요.
   4) 12시가 넘도록 아직 집에 들어오지 않아요.
   5) 담당자 말에 의하면 다음 주에 인사이동이 있을 거라고 해요.

4. 1) 친구가 전화해 주지 않았더라면 약속을 잊어버릴 뻔 했어요.
   2) 이 소설은 영화 못지않게 재미있던데요.
   3) 그 사람이 내 설명을 못 알아들어서 얼마나 답답했는지 몰라요.
   4) 초등학교 때 방학이 되면 시골 친척집에 놀러 가곤 했어요.
   5) 그 사람이 초대하면 가고말고요.

5. 자유 작문

제11과

1. 1) 발급　　2) 신청서　　3) 체류기간　　4) 신분증　　5) 외국인 등록증　　6) 연장

2. 1) 첫째　　2) 오래　　3) 금　　4) 손　　5) 믿음

3. 1) 살아 오면서　　2) 자라 온　　3) 해 온
   4) 닮아 가요.　　5) 살아 갈지　　6) 이끌어 가겠습니다.

4. 1) 잘 어울리는데요, 뭘.
   2) 별로 춥지 않은데요, 뭘.
   3) 다 지난 일인데요, 뭘.(다 잊어버렸는데요, 뭘.)
   4) 별로 한 일도 없는데요, 뭘.
   5) 별로 짜지 않은데요, 뭘.
   6) 별로 나쁘지 않은데요, 뭘.(많이 좋아졌는데요, 뭘.)

5. 자유 작문

6. 1) 어려운 일이 생기더라도 포기하지 말고 최선을 다 하세요.
   2) 이 생선은 우유 못지않게 영양분이 많으니까 많이 드세요.
   3) 친구가 하자고 하는 대로 저 쪽 자리에 앉았더라면 골 넣는 걸 잘 봤을텐데.

제 12 과

1. 1) 긴 통화 요금   2) 표준 요금   3) 스페셜 요금   4) 우리끼리 요금

2. 1) 전원을 껐다 켜거나 배터리를 바꿔 보거나
   2) 파스를 붙이거나 마사지를 하거나
   3) 인터넷으로 접수하시거나 우편으로 접수하시거나
   4) 친구들에게 나누어 주거나 중고품 가게에 팔거나
   5) 집에서 쉬거나 운동을 하거나
   6) 듣거나 (싫어하거나)

3. 1) 둘이 먹기에는
   2) 코트를 입기에는 빠른 것 같아요.
   3) 걸어서 가기에는 좀 멀지 않아요?
   4) 소설을 읽기에는 실력이 모자라지 않을까요?
   5) 저녁 먹기엔 이르지 않아요?
   6) 둘이 살기에는 아파트가 나을 것 같아요.

4. 1) 학생에 한해서 30% 할인이 돼요.
   2) 평일에 한해서 쓸 수 있어요.
   3) 무주택자에 한해서 분양 신청을 할 수 있어요.
   4) 5년 이상 거주한 사람에 한해서 국적 취득을 신청할 수 있어요.
   5) 한복 입은 사람에 한해서 무료로 입장할 수 있어요.

제 13 과

1. 1) 타 세대 안으로 담배 연기나 냄새가 들어가서 피해를 줄 수 있습니다.
   2) 비닐봉지, 휴지 등을 지참하여 배설물을 위생적으로 처리해야 합니다.
   3) ②   4) ①   5) ④
   6) 자유 작문

2. 1) 재미없더라.   2) 재미있더라.(잘 안 되더라.)
   3) 생각보다 어렵더라고요.   4) 매진 됐더라고요.
   5) 아까 그 사람이 누구더라?   6) 내가 몇 시에 집에 들어왔더라?

해답

3. 1) 키만 크지
   2) 포장만 화려하지 안에 든 건 별로예요.
   3) 가사만 알지 잘 부르지는 못해요.
   4) 밖에서만 쓰지 집에서는 쓰지 않아요.
   5) 쉬는 곳이지
   6) 집에서 하는 것이지 학교에서 하는 게 아니에요.

4. 1) 살이 좀 빠진 듯한데요. 2) 생각해 봐야 할 듯해요.
   3) 두 시간쯤 될 듯한데요. 4) 난로 과열 때문에 화재가 난 듯합니다.
   5) 네, 비가 올 듯한데 6) 한 번 만난 듯한데

제 14 과

1. 1) ①   2) ③   3) ④

2. 1) 일이 끝나려면 멀었어요.
   2) 어머니 솜씨 따라가려면 아직 멀었어요.
   3) 밥이 다 되려면 아직 멀었는데요.
   4) 제대하려면(돌아오려면) 아직 멀었어요.
   5) 적금 타려면 아직 멀었는데 그런 생각을 해요?
   6) 꽃이 피려면 아직 멀었어요.

3. 1) 시간이 있으면서도
   2) 힘들면서도
   3) 술을 잘 마시면서도 못 마신다고 하는 거지요?
   4) 모르면서도 안다고 하는 것 같아요.
   5) 좋아하면서도
   6) 가벼우면서도
   7) 영양이 많으면서도

4. 1) 아직도 잘 못하는걸요.(서툰걸요.)
   2) 아주 좋은걸요.
   3) 제가 오히려 도움을 받은걸요.
   4) 집에서는 요리를 잘 안 하는걸요.
   5) 별로 없는걸요.
   6) 그래도 생각보다 시간이 많이 걸린걸요.

제 15 과

1. 1) 연애결혼   2) 신붓감   3) 신혼   4) 청혼
   5) 중매결혼   6) 연상연하   7) 신랑감

2. 1) 아직껏   2) 마음껏   3) 실컷(마음껏)   4) 힘껏   5) 정성껏

3. 1) 가수처럼 잘 불러요.
   2) 한국 사람처럼 할 수 있을 때까지 할 거예요.
   3) 어려운 때도 없는데
   4) 열광적으로 응원했던 때도 없을 거예요.
   5) 바나나처럼 비싼 과일도 없었는데요.
   6) 명진 씨 어머니처럼 고생을 많이 한 분도 없을 거예요.
   7) 스트레스를 푸는 데 술처럼 좋은 것도 없잖아요.

4. 1) 환자의 상태가 좋아지고 있다니 다행이군요.(잘됐네요.)
   2) 두 회사에서 합격통지서가 왔다니 부럽네요.(잘됐네요.)
   3) 그 사람의 말이 거짓말이었다니 말도 안 돼요.(화가 나네요.)
   4) 고향에 돌아간다니 섭섭하네요.
   5) 다시 해 가지고 오라니 너무해요.
   6) 마음에 든다니 다행이군요.
   7) 그분한테 대학교에 다니는 딸이 있다니 믿을 수 없어요.
   8) 몰라봤다니 섭섭하네요.
   9) 내가 당첨됐다니 믿을 수가 없어요.

5. 1) 선수의 의지력에 달려 있습니다.   2) 오늘 시합에 달려 있습니다.
   3) 광고하기에 달려 있습니다.   4) 마음먹기에 달려 있습니다.
   5) 너 자신이 하기에 달려 있다.

복습   제11과 ~ 제15과

1. 1) 점점   2) 반드시   3) 워낙   4) 마치
   5) 제대로   6) 겨우   7) 한꺼번에

2. 1) 멀었어요.   2) 오전에   3) 오던   4) 멋있더라. 찍더라.
   5) 산책하기에   6) 생각하기에

3. 1) ④   2) ⑤   3) ①
   4) ③   5) ⑥   6) ②

4. 1) 너는 돈 벌려면 아직 멀었다.   2) 좋으면서도
   3) 아직 못 받으셨다니   4) 셋이 같이 먹기엔
   5) 외국에 온 듯한   6) 못 입는걸요.
   7) 에 한해서 무료로 이용할 수 있습니다.
   8) 인사만 하고 지내지 친하지는 않아요.

5. 자유 작문

해답

제 16 과

1. 1) ④   2) ②   3) ③
   4) 어머니가 계시지 않은 사람은 흰 카네이션을 가슴에 달고, 어머니가 살아 계신 사람은 붉은 카네이션을 어머니께 드립니다.

2. 1) ⑤, ㉡   2) ③, ㉣   3) ①, ㉤   4) ②, ㉠   5) ④, ㉢

3. 1) 못 본 척했어요.(모르는 척했어요.)   2) 알아들은 척했어요.
   3) 맛있는 척했어요.   4) 화가 난 척했어요.
   5) 듣는 척하면서 안 들어요.   6) 약속이 있는 척하고 일찍 나와요.

4. 1) 폭설로 교통이 막혔습니다.
   2) 지진으로 많은 피해를 입었습니다.
   3) 비행기 사고로 가족을 잃었습니다.
   4) 다음 모임에는 해외 출장으로 참석하기가 어려울 것 같습니다.
   5) 지하철 파업으로 지하철이 늦게 와서 출근 시간에 늦었습니다.
   6) 알레르기로 우유나 땅콩 같은 것은 먹지 못합니다.

5. 1) 아무 때나 오세요.
   2) 아무 옷이나 입고 갈 수는 없잖아요.
   3) 아무 거나 누르면 안 돼.
   4) 아무 음식이나 먹지 말고
   5) 아무 노래나 부르세요.
   6) 아무 데나 두니까 그렇지요.
   7) 아무한테나 반말을 쓰면 안 돼요.

제 17 과

1. 1) 장례식장   2) 문상   3) 조의금   4) 조문객   5) 절   6) 상주   7) 위로

2. 1) 숙이다   2) 돌리다   3) 흔들다   4) 들다   5) 끄덕이다

3. 1) 같으면 야단을 많이 치시는데.   2) 같으면 많이 남았을 텐데…….
   3) 같으면 잡을 텐데…….   4) 같으면 비서를 시키는데.
   5) 같으면 벌써 떨어졌을 텐데…….   6) 같으면 못 먹어서 걱정이었는데.

4. 1) 잘 지내는지 모르겠어요.   2) 장사가 잘 될지 모르겠어요.
   3) 수술이 잘 됐는지 모르겠어요.   4) 맞을지 모르겠어요.
   5) 마음에 드실지 모르겠어요.   6) 음식이 입에 맞을지(맛이 있을지) 모르겠어요.
   7) 네, 많이 다치지 않았는지 모르겠어요.

5. 1) 어려움이 있었으나
   2) 위험한 고비는 넘겼으나

3) 편리하기는 하나 건강에는 별로 좋지 않아요.
4) 우리 선수들이 잘 싸웠으나 많은 점수는 얻지 못했습니다.
5) 읽기와 듣기 실력은 좋아졌으나 말하기는 아직 부족합니다.
   (일상적인 회화는 잘하나 고급 어휘와 표현이 부족합니다.)
6) 줄거리는 재미있었으나 배우들의 연기가 거기에 미치지 못했습니다.

제 18 과

1. 자유 작문

2. 자유 작문

3. 1) 오래 되면 될수록 2) 보면 볼수록
   3) 배우면 배울수록 4) 마시면 마실수록 깊은 맛이 있어요.
   5) 사회가 발전하면 할수록 생기는 문제도 많아요.
   6) 크면 클수록 또 다른 어려움이 있어요.

4. 1) 다 하십니다. 2) 된장, 고추장을 다 직접 담그세요?
   3) 다 가지고 오셨어요? 4) 청소를 다 해 놨어?
   5) 다 기억하세요?

5. 1) 겨울이 오는 법입니다.
   2) 성공하는 법입니다.
   3) 아랫사람도 잘하는 법입니다.(따라하는 법입니다.)
   4) 상대방도 마음을 여는 법입니다.(친절해지는 법입니다.)
   5) 성과가 있는 법입니다.(결실을 맺는 법입니다.)
   6) 첫사랑은 잊기 어려운 법입니다.
   7) 나이가 들면 철이 드는 법입니다.
   8) 어려운 일이 지나가면 좋은 일도 생기는 법입니다.

제 19 과

1. 1) 받게 2) 쌓이면, 풀어 3) 푸는, 풀린다고

2. 1) 잃었던, 들자마자 2) 팔려서 3) 없는지 4) 차리고

3. 1) ② 2) ③

4. 1) 여러 번 읽다 보면 이해하게 될 거야.
   2) 계속 하다 보면 솜씨가 좋아질 거예요.
   3) 아니요, 바쁘다 보면 그럴 수도 있어요.
   4) 당황하다 보면 그럴 수도 있어요.
   5) 아이를 키우다 보면 그럴 수도 있지요.

해답

   6) 지내다 보면 익숙해질 거예요.

5. 1) 아이들 옷이 작아져서 이웃에게 주어 버렸어요.
   2) 옷장이 너무 오래 돼서 없애 버렸어요.
   3) 날씨가 더워서 아이스크림이 다 녹아 버렸어요.
   4) 그 사람이 회의 도중에 나가 버렸어요.
   5) 내가 아끼던 꽃병이 깨져 버렸어요.
   6) 남은 음식을 다 먹어 버립시다.

6. 1) 숙제를 계속 안 하다가(거짓말을 하다가) 2) 무리하다가
   3) 무거운 걸 혼자서 들다가   4) 감기에 걸렸어요.
   5) 병이 날 수 있어요.   6) 파마까지 했어요.
   7) 분위기를 망쳤어요.   8) 다른 문제를 조사하다가 알게 됐어요.
   9) 어떤 모임에 갔다가 만나게 됐어요.   10) 과속을 하다가 교통 위반 딱지를 뗐어요.

제 20 과

1. 1) 자유 선택
   2) 자유 작문

2. 1) 3번의 수술 끝에   2) 고민 끝에
   3) 6개월간의 작업 끝에   4) 많이 생각한 끝에 결정한 거예요.
   5) 논란 끝에 그렇게 하기로 했습니다. 6) 오랜 연구 끝에 이룬 결과입니다.

3. 1) 궁중 요리를 제대로 배우자면
   2) 원칙대로 하자면
   3) 훌륭한 작가가 되자면 책을 많이 읽으세요.
   4) 네, 옛날 방법 그대로 하자면 힘들 거예요.
   5) 자세히 설명하자면 시간이 많이 걸리는데…….
   6) 수원에 가자면 지하철을 타는 게 빠를 거예요.

4. 1) 사장님이 오시느냐 안 오시느냐에 따라 달라져요.
   2) 언제 가느냐에 따라 요금이 많이 달라요.
   3) 어떻게 요리하느냐에 따라 맛이 많이 달라져요.
   4) 앞의 단어에 받침이 있느냐 없느냐에 따라 달라요.
   5) 어떻게 인테리어를 하느냐에 따라 분위기가 달라져요.
   6) 국내로 가느냐 해외로 가느냐에 따라 차이가 많이 나요.

복습 제16과 ~ 제20과

1. 1) 괜히   2) 드디어   3) 아무래도 4) 의외로
   5) 가만히 6) 어쩐지   7) 당분간   8) 틈틈이

2. 1) 잡혔어요.   2) 잘라 버렸어요.   3) 다른 사람 같으면   4) 고민 끝에
   5) 한마디로 말하자면 6) 지내는지   7) 자살로   8) 아무나

3. 1) 수업 시간에 만화책 봤다가 선생님한테 혼난 적이 있어요.
   2) 상황을 자세히 설명하자면 너무 기니까 간단히 말씀 드릴게요.
   3) 오랜 시간을 방황한 끝에(방황하다가) 이제 새로운 삶을 살게 되었다.
   4) 그 일을 생각할수록 머리가 아파요.
   5) 교차로를 지나서 한강 쪽으로 가다가 보면 왼쪽에 강남병원이 보일 거예요.
   6) 여러 번 그 소문은 사실이 아니라고 말했으나 사람들은 믿지 않았습니다.
   7) 그 일에 대해서 알고 있었지만 말하기 싫어서 모르는 척했어요.

4. 1) 사람들이 그 사건에 대해 아냐고 물어봤을 때 알면서도 모르는 척 했어요.
   2) 대부분의 일들이 처음에는 힘들어도(힘들지만) 시간이 지날수록 익숙해지는 법이에요.
   3) 모든 일이 생각하기에 달려 있다. 예를 들자면(예를 들면) 빈 잔에 우유가 있을 때 어떻게 생각하느냐에 따라 기쁠 수도 있고 슬플 수도 있다.

5. 자유 작문

제21과

1. 1) 넣어   2) 나고, 났다.   3) 따라, 따라
   4) 아끼는, 아끼지   5) 든, 들어야

2. 1) 부산이 더 크지요.   2) 그렇지요.(장난을 치지요.)
   3) 교환이 되지요.   4) 네, 할 수 있지요.(해야지요.)
   5) 제가 먼저 사과하지요.   6) 오늘이 무슨 요일이지요?
   7) 언제 돌아오시지요?   8) 우리 어디에서 만나기로 했지요?

3. 1) 젊은 사람들이 많이 모이기로는 신촌(명동)을 따를 곳이 없어요.
   2) 목소리가 크기로는 ○○○ 씨를 따를 사람이 없어요.
   3) 팔 힘이 세기로는(팔씨름을 잘하기로는) 석환이를 따를 사람이 없을 거야.
   4) 자연환경이 깨끗하기로는(자연환경이 오염되지 않기로는) 아마존 지역이 제일일 것 같아요.
   5) 크기로는 뉴욕(도쿄, 런던, 북경)을 따를 도시가 없어요.
   6) 인구가 많기로는 중국을 따를 나라가 없어요.

4. 1) 얼마간 쉬고 싶을 따름입니다.
   2) 저도 당황스러울 따름입니다.
   3) 감사할 따름이지요.
   4) 그저 낭비를 하지 않을 따름이에요.
   5) 요리책에 있는 대로 만들었을 따름이에요.
   6) 위에서 시키는 대로 했을 따름입니다.

해답

제 22 과

1. 1) ㉮-③, ㉯-②, ㉰-①, ㉱-④
   2) ②

2. 1) 형님은 중학교 교사이며 동생은 회사원입니다.
   2) 여러 가지 기능이 추가됐으며 디자인도 많이 바뀌었어요.
   3) 한국에서 유명한 문학상을 받았으며 영화로도 제작될 계획입니다.
   4) 참석해 주셔서 감사드리며 준비한 음식도 맛있게 드시기 바랍니다.
   5) 아침 식사도 포함되며 사우나도 이용하실 수 있습니다.

3. 1) 사전을 찾아 가면서 읽으니까 생각보다 시간이 더 걸렸어요.
   2) 맞아요. 서로 도와 가면서 살아야 해요.
   3) 상황을 봐 가면서 시작하기로 했어요.
   4) 청중의 반응을 봐 가면서 바꾸면 될 거예요.
   5) 재미있는 이야기도 해 가면서 하면 좋을 거예요.
   6) 쉬어 가면서 하세요.

4. 1) 일하다가 보니까 시간이 늦어졌어요.(시간이 늦은 걸 몰랐어요.)
   2) 공부하다가 보니까 적성에 맞지 않는 걸 알게 됐어요.(적성에 안 맞았어요.)
   3) 자꾸 먹다 보니까 맛있어졌어요.
   4) 듣다 보니까 이해가 돼요.
   5) 한국말을 배우다 보니 한국 문화도 알게 됐어요.

제 23 과

1. 1) ① 온갖　　　② 온통　　　③ 온
   2) ① 촬영　　　② 상영　　　③ 방영
   3) ① 아끼는　　② 아까운　　③ 아쉬웠다.
   4) ① 찾기가　　② 구하기　　③ 얻어서

2. 1) 아침 겸 점심입니다.
   2) 친구를 만날 겸 선물을 살 겸해서 갔어요.
   3) 신문을 읽을 겸 영어 공부도 할 겸해서 구독해요.
   4) 네, 사진을 찍을 겸 구경을 할 겸해서 자주 가요.
   5) 기념사진을 찍을 겸 하나 간직할 겸해서 사려고 해요.

3. 1) 먹을 만한
   2) 읽어 볼 만한 책이에요.
   3) 가 볼 만한 곳은(구경할 만한 곳은)
   4) 살 만한 게 있어요?, 살 만한 게 없어요.
   5) 한번 볼 만한 공연이었어요.

6) 요즘 볼 만한 영화가 있어요?

4. 1) 그때 내가 좀 참을걸. 2) 그 영화를 보지 말걸.
   3) 빨리 살걸. 4) 음식을 더 많이 만들걸.
   5) 머리 모양을 바꾸지 말걸.

제 24 과

1. 1) ④ 2) ① 3) ③

2. 1) ②, ③ 2) ① 3) ①

3. 1) 전통 가구며 그림이며 구경거리가 많던데요.
   2) 지원하게 된 동기며 일에 대한 생각이며 많이 물어봤어요.
   3) 가구며 전자제품이며 다 정리해야 해요.
   4) 메뉴며 식당 사진이며 여러 가지가 있었어요.
   5) 운동이며 노래며 못 하는 게 없어요.

4. 1) 취미로만 할 게 아니라 직업으로 해 보는 게 어때요?
   2) 길에 서서 얘기만 할 게 아니라 어디 가서 밥이라도 먹으면서 얘기합시다.
   3) 돈을 많이 벌려고만 할 게 아니라 돈을 아껴 쓰도록 해 보는 게 어때요?
   4) 무조건 하지 말라고 야단칠 게 아니라 이유를 들어 보는 게 낫지 않아요?
   5) 아무거나 눌러 볼 게 아니라 사용설명서를 읽어 봐야겠어요.

5. 1) 보려다가
   2) 이사하려다가 그만두기로 했어요.
   3) 무리하게 착륙하려다가 사고가 난 것 같습니다.
   4) 다 먹으려다가 남겨 놓았어.
   5) 보려다가 너무 준비를 못해서 다음에 보기로 했어요.

제 25 과

1. 1) 자연에너지 2) 쓰레기문제 3) 수질오염
   4) 지구온난화 5) 대기오염

2. 1) 새로운 2) 외롭고 3) 괴로웠다. 4) 해로울
   5) 자유롭게 6) 평화로워졌다. 7) 지혜롭게

3. 1) 날씨 탓이에요.
   2) 담당자의 실수 탓에(담당자가 실수한 탓에) 일이 잘못됐습니다.
   3) 스트레스 탓에 신경 정신과를 찾는 사람들이 많아졌대요.
   4) 서구화된 식생활 탓에 한국에서도 뚱뚱한 사람들이 많아졌어요.
   5) 지난번 경기에서 큰 점수 차이로 진 탓에 바뀐 것 같아요.

해답 159

해답

4. 1) 잊어버릴까 봐서
   2) 부담스러워할까 봐서(불편해할까 봐서)
   3) 잘 적응하지 못할까 봐서
   4) 표가 매진될까 봐서 일찍 예약을 했어요.
   5) 못 일어날까 봐서 자명종을 두 개 맞춰 놓았어요.
   6) 엄마가 실망하실까 봐서(화 내실까 봐서) 성적표를 못 보여 줬어요.
   7) 살이 찔까 봐 많이 안 먹어요.
   8) 성적이 나쁠까 봐서(시험에 떨어질까 봐서)

5. 1) 전화도 없이 손님을 데리고 오면 어떻게 해요?
   2) 같이 가기로 약속해 놓고 혼자 가 버리면 어떻게 해요?
   3) 비밀을 말해 버리면 어떻게 해요?
   4) 불고기에 마늘을 안 넣으면 어떻게 해요?
   5) 문을 안 잠그고 나오면 어떻게 해요?
   6) 어른이 먹는 감기약을 아이한테 먹이면 어떻게 해요?

복습 제21과 ~ 제25과

1. 1) 원래   2) 되게   3) 흔히   4) 하여튼   5) 활짝   6) 일부러

2. 1) 로는   2) 날까 봐   3) 듣다가 보니까   4) 할 게
   5) 조심할 걸   6) 내린 탓에   7) 감사할 따름입니다.

3. 1) 아쉬워요.   2) 절약해서   3) 새롭게   4) 따를
   5) 색다른(새로운)   6) 꾸미고   7) 신기해요.

4. 1) 결혼식에 참석하려다가 교통사고가 나서 못 갔어요.
   2) 쉬어 가면서 공부하는 게 효과적이에요.
   3) 손님이 하나도 안 올까 봐 걱정이에요.
   4) 아이들이 볼 만한 공연이 많았으면 좋겠어요.
   5) 바람도 쐴 겸 생각도 정리할 겸해서 여행을 갔다 왔어요.
   6) 술을 너무 많이 마시지 말걸

제26과

1. 1) ① 잘됐네요.   ② 안됐네요.
   2) ① 다 됐으니까   ② 덜 됐는데
   3) ① 잘 되는   ② 잘 안 돼요.
   4) ① 돼요.   ② 되는데, 안 돼요.
   5) ① 돼요.   ② 안 돼요.   ③ 됐어요.   ④ 안 돼서

2. 1) 부모님이 돌아가시는 바람에 2) 회사가 어려워지는 바람에
   3) 차가 갑자기 서는 바람에 4) 그 사람이 말하는 바람에
   5) 말을 거는 바람에

3. 1) 슈퍼마켓에서 김치를 사다가 먹었어요.
   2) 서류를 복사해다가 책상 위에 놓았어요.
   3) 비디오를 빌려다가 봅시다.
   4) 산에서 꽃을 따다가 꽂았어요.
   5) 자판기에서 커피를 뽑아다가 마십시다.
   6) 친구한테서 강아지를 얻어다가 키우고 있어요.

4. 1) 정말이라니까요. 2) 제가 확인해 봤다니까요.
   3) 알았다니까요. 4) 끊었다니까요.
   5) 그렇다니까요. 6) 같이 가자니까요.

5. 1) 한국에 대해 많이 알기로는 우리 중에서 다나카 씨를 따를 사람이 없으니까 그가 하자는 대로 합시다.
   2) 기분전환도 할 겸 구경도 할 겸해서 여행을 가려고 하는데(하니까) 좋은 곳을 소개해 주세요.
   3) 약속을 잊어버릴까 봐 메모해 둔 종이인데 어디로 갔지?

제 27 과

1. 1) ① 입는, 줄일   ② 주는, 보상   ③ 의식
   2) ① 걸렸다.   ② 놓을   ③ 먹으면   ④ 잡은   ⑤ 드는

2. 1) ②   2) ④

3. 1) 화가 난 줄 알았어요. 2) 어디 간 줄 알았어요.
   3) 없는 줄 알고 4) 다 먹은 줄 알고
   5) 손님이 많이 오시는 줄 알고 많이 차렸어요. 6) 쌍둥이인 줄 알았어요.

4. 1) 약속 시간에 늦었어요. 2) 집에 있었어요.
   3) 이사하느라고 4) 찾느라고
   5) 급한 일을 하느라고 6) 취직 준비하느라고
   7) 1년을 마무리하느라고 바빠요. 8) 내일 회의 자료 준비하느라고 늦어졌어요.

5. 1) 서두르면 실수하기 마련이에요.
   2) 긴장하기 마련이에요.
   3) 일을 하다 보면 문제가 생기기 마련이에요.
   4) 결혼하면 부부싸움을 하기 마련이에요.
   5) 비밀로 해도 소문이 나기 마련이에요.
   6) 주위 환경에 따라 변하기 마련이에요.

해답

제 28 과

1. 1) ③   2) ②

2. 1) 두드리다
   2) ① 북   ② 장구   ③ 징   ④ 꽹과리
   3) ④

3. 1) 그 정도면 모델이 되고도 남겠어요.
   2) 5명이면 먹고도 남겠어요.
   3) 이번 주까지면 하고도 남겠어요.
   4) 사고도 남겠어요.
   5) 붙고도(합격하고도) 남겠어요.

4. 1) 조차 없을 정도였어요.   2) 조차 못하던데요.
   3) 조차 안 지켜요.   4) 조차 못 꾸었는데.
   5) 가족조차 몰라봐요.   6) 보너스는커녕 월급조차 못 받았어요.

5. 1) 월급쟁였답니다.   2) 아니랍니다.
   3) 살았답니다.   4) 먹는답니다.
   5) 생활한답니다.   6) 않답니다.

제 29 과

1. 1) 다름이 아니라   2) 아닌 게 아니라   3) 다름이 아니라, 아닌 게 아니라

2. ① 강원도   ② 서울특별시   ③ 인천광역시   ④ 경기도   ⑤ 충청북도   ⑥ 충청남도
   ⑦ 전라북도   ⑧ 전라남도   ⑨ 경상북도   ⑩ 경상남도   ⑪ 부산광역시   ⑫ 제주도

3. 자유 작문

4. 1) 좀 짧게 잘라 보지 그래요?   2) 병원에 한번 가 보지 그래요?
   3) 인터넷에서 검색해 보지 그래요?   4) 사양하지 그랬어요?
   5) 다 말해 버리지 그랬어요?   6) 오늘 하지 그랬어요?

5. 1) 넘어가고 말았습니다.   2) 지고 말았습니다.
   3) 못하고 말았습니다.   4) 일어나고 말았습니다.
   5) 끝나고 말았습니다.

6. 1) 돌아가시고 말았습니다.   2) 놓치고 말았습니다.
   3) 헤어지고 말았습니다.   4) 생기고 말았습니다.
   5) 이루지 못하고 말았습니다.(실패하고 말았습니다.)

7. 1) 글쎄요, 안 될걸요.   2) 같이 버리면 안 될걸요.
   3) 쉽지 않을 걸요.   4) 이기기 어려울 걸요.

5) 사흘 안에는 나오기 힘들걸요.   6) 벌써 끝났을걸요.

제 30 과

1. 1) ① 글자　　② 글씨
   2) ① 발견　　② 발명
   3) ① 상품　　② 작품

2. 1) ③
   2) ④
   3) 자음 : 소리를 내는 입술과 혀와 입천장의 모양을 보고 만들었습니다.
      모음 : 하늘(·)과 땅(—)과 사람(ㅣ)의 모양을 보고 만들었습니다.
   4) 글자로서 문제가 없는지 3년 동안 시험을 해 보고 나서 발표했기 때문입니다.

3. 1) 부작용이 있을 수 있으므로 주의하라고 씌어 있어요.
   2) 과정을 모두 마쳤으므로 수료증을 준다고요.
   3) 신호를 위반했으므로 걸리신 겁니다.
   4) 재발할 위험이 있으므로 5년 동안은 잘 관리해야 합니다.
   5) 문제가 있는 사이트도 있으므로 조심하는 게 좋습니다.

4. 1) 부엌일을 돕기는커녕
   2) 식사도 제대로 못할 때가 많아요.
   3) 4급은커녕 3급도 어려울 것 같은데요.
   4) 비는커녕(비가 오기는커녕)
   5) 울기는커녕 웃던데요.
   6) 관광은커녕 일이 많아서 아무 데도 못 갔어요.

5. 1) 모를 리가 없는데.(있어요?)
   2) 연락을 못 받았을 리가 없어요.
   3) 많이 쓰지도 않았는데 사용 한도가 초과됐을 리가 없어요.
   4) 아직도 못 받았을 리가 있어요?
   5) 상했을 리가 있어요?

복습   제26과 ~ 제30과

1. 1) 말고는　　2) 에다가　　3) 으로　　4) 보고　　5) 나
   6) 커녕　　7) 조차　　8) 에　　9) 이나

2. 1) 골고루　　2) 함부로　　3) 마침
   4) 우연히　　5) 종종　　6) 반대로

3. 1) 취소되는 바람에　　　　2) 밥을 먹은 줄 알고

해답 163

해답

    3) 태워다 주셔서   4) 헤어지기 마련이지요.
    5) 놓지   6) 안 된다니까요.
    7) 놓치고 말았다

4. 1) 거래하던 회사가 부도가 나는 바람에 우리까지 어려워졌어요.
     2) 그 영화가 재미있기는커녕 지루해서 잠만 오던데요.
     3) 길에서 종이나 병을 주워다가 팔아서 돈을 벌어요.
     4) 무슨 생각을 하느라고 두 번이나 불러도 못 들어요?
     5) 성적이 매우 우수하므로 이 상을 드립니다.
     6) 그 버스가 광화문에 가는 줄 알고 탔습니다.

교재 집필   가나다한국어학원 교재 연구회

New 가나다 KOREAN WORKBOOK - Intermediate 2

초판발행	2006년 7월 10일
개정판발행	2012년 2월 10일
개정판 6쇄	2022년 3월 17일
저자	가나다한국어학원 교재 연구회
책임 편집	권이준, 양승주, 김아영
펴낸이	엄태상
콘텐츠 제작	김선웅, 김현이, 유일환
마케팅	이승욱, 왕성석, 노원준, 조인선, 조성민
경영기획	마정인, 조성근, 최성훈, 정다운, 김다미, 오희연
물류	정종진, 윤덕현, 양희은, 신승진
펴낸곳	한글파크
주소	서울시 종로구 자하문로 300 시사빌딩
주문 및 교재 문의	1588-1582
팩스	0502-989-9592
홈페이지	http://www.sisabooks.com
이메일	book_korean@sisadream.com
등록일자	2000년 8월 17일
등록번호	1-2718호
ISBN	978-89-5518-920-9 14710 978-89-5518-916-2 (set)

* 한글파크는 랭기지플러스의 임프린트사이며, 한국어 전문 서적 출판 브랜드입니다.
* 이 책의 내용을 사전 허가 없이 전재하거나 복제할 경우 법적인 제재를 받게 됨을 알려 드립니다.
* 잘못된 책은 구입하신 서점에서 교환해 드립니다.
* 정가는 표지에 표시되어 있습니다.